세계의 석굴

국립중앙도서관 출판예정도서목록(CIP)

세계의 석굴 / 배재호 — 서울 : 사회평론아카데미, 2015
   348p. ;   171*230cm

색인수록
ISBN 979-11-85617-40-4 03220 : ₩25000

석굴[石窟]

549.22-KDC6
726.143-DDC23   CIP2015011025

세계의 석굴

2015년 4월 22일 초판 1쇄 찍음
2015년 4월 30일 초판 1쇄 펴냄

지은이 배재호
펴낸이 윤철호
펴낸곳 (주)사회평론아카데미
편집 이선엽 · 고하영 · 김천희
디자인 황지원 · 김진운
마케팅 이영은 · 이경화 · 조서연
등록번호 2013-000247(2013년 8월 23일)
전화 02-2191-1182(영업) 02-2191-1133(편집)
팩스 02-326-1626
주소 서울시 마포구 월드컵북로 12길 17(2층)
이메일 editor@sapyoung.com
홈페이지 www.sapyoung.com
ⓒ 배재호, 2015
ISBN 979-11-85617-40-4 03220

※ 일러두기: 이 책에서 언급된 중국 석굴은 중국어 발음이 아닌 한자음에 따라 표기했습니다.

세계의 석굴

배재호 지음

사회평론

차
례

석굴 읽기   7

1   아잔타석굴 26굴
    불탑을 만나다   11

2   바미얀석굴 동대불
    태양신을 만나다   41

3   키질석굴 38굴
    열반 후, 미륵보살을 만나다   63

4   병령사석굴 169굴
    불비상을 보다   93

5   둔황 막고굴 285굴
    불교, 도교를 만나다   117

6   둔황 막고굴 220굴
    정토에 태어나다   145

7   운강석굴 18굴
    살아 있는 붓다, 황제를 만나다   165

8   운강석굴 9굴·10굴
    황실 사원을 가다   181

9 용문석굴 빈양중동
황실의 불교신앙을 읽다 201

10 용문석굴 봉선사동
측천무후를 생각하다 227

11 용문석굴 뇌고대 남동
마하보리사와 석불사를 만나다 245

12 남향당산석굴 1굴·2굴
서방 극락정토에 태어나다 263

13 보정산석굴
불교에서 효를 찾다 281

14 안서 유림굴 3굴
서하에서 중원 문화를 만나다 301

15 용문석굴 신라상감과 군위삼존석굴
신라의 당 유학승을 만나다 323

석굴 읽기를 마치며 341
찾아보기 343

석굴 읽기

프랑스 파리의 로댕미술관에는 로댕이 말년에 만든 「대성당」이라는 작품이 전시되어 있다. 그는 블랙 드로잉을 구사하기 시작하면서 죽을 때까지 건축에 매료되어 있었고, 특히 프랑스 전역을 여행하면서 본 대성당을 주로 그렸다. 두 개의 오른손을 맞대고 있는 단순한 형태의 「대성당」은 얼핏 보면 그저 특정한 인물의 손으로 보이지만, 손과 손 사이의 공간은 대성당 내부 구조와 그 속에서 펼쳐진 기독교적 신앙행위를 연상시킨다. 말하자면, 「대성당」은 프랑스에 즐비한 성당들을 로댕의 방식으로 읽은 것이다.

그는 왜 손으로 대성당을 표현하였을까? 대성당 안에서 사람들은 잘못을 참회하고 신에게 기도를 드린다. 로댕이 두 손으로 대성당을 표현한 것은 참회와 기도를 통한 부활과 관계가 있으리라. 대성당이 천국으로 부활하는 통로, 즉 창조적 역할을 하듯이 모든 것을 만들어 낼 수 있는 손으로 그것을 상징화한 것은 아닐까?

흔히 건축을 시대와 생활을 담는 그릇에 비유한다. 그렇다면 종교 건축은 당연히 당시의 종교적인 색채를 담는 그릇이라고 할 수 있다. 대성당을 장엄하게 장식하고 있는 십자가의 모습이나 제단, 스테인드 글라스의 색깔 등에서 시대상이 나타난다. 참회와 기도를 통한 천상에서의 부활이라는 종교적 분위기를 담고 있는 대성당을 로댕은 두 손의 모습으로 읽어 낸 것이다.

그렇다면 동양에서는 어떤 식으로 종교적 색채를 담아냈을까? 중국 명나라 1445년에 목판 인쇄된 『도장(道藏)』의 진형도(眞形圖)에는 중국 고대인들이 신성하게 여겼던 오악(五嶽)을 도교적으로 해석한 내용

로댕의 대성당 석재, 64x34x32cm, 1908년

이 있다. 오악 사상은 중앙과 동, 남, 서, 북의 다섯 방향에 위치한 산을 지정하여 신성시하는 것을 말한다. 동악(東嶽) 등 오악에는 동천(洞天)이라는 공간적 개념이 있는데, 수행자들은 이곳에서 천상을 포함한 또 다른 세계로 나아갈 수 있다고 생각하였다. 때문에 고대 중국에서는 오악을 신성하게 여겼고, 이 산에서 수행함으로써 신선이 되어 천상으로 올라갈 수 있다고 믿었다. 이러한 인식은 송대에 일반회화에서도 소재로 다루어질만큼 유행하였다.

서양 기독교 문화가 대성당이라는 매체를 중심으로 전개되었다면, 오악 사상에 근간을 두고 있는 중국 및 우리나라 문화 사이에서 펼

도장 진형도 목판인쇄, 명, 1445년

처졌던 불교는 어떠한 양상이었을까? 답을 하자면 불교는 불교사원과 석굴을 중심으로 발전해 왔다고 할 수 있다.

　이 책은 불교적 색채를 담고 있는 석굴 읽기에 목적을 두고 있다. 불교 석굴은 고대 인도 사람들이 지상과 천상을 연결해 준다고 생각했던 수메루산(수미산)에 조성되었다. 물론 수메루산의 관념이 중앙아시아를 거쳐 중국과 우리나라, 일본에까지 이어지고 있지만, 불교가 동쪽으로 전파되는 과정에서 그 관념은 점차 희미해져 수메루산이 아니더라도 종교적 수행이 가능한 곳이라면 적당한 산을 찾아 석굴을 파곤 하였다.

석굴은 붓다의 가르침을 담은 그릇이다. 비록 석굴마다 그 모습은 다르게 표현되지만, 붓다와 관련된다는 점에서 서로 연결된다. 이 책에서는 인도에서 우리나라까지, 다른 것 같지만 연관되는 16개의 석굴을 다룬다. 이들 석굴은 다양한 도상으로 이루어져 있거나 새로운 도상이 출현하는 곳, 서로 영향 관계를 갖고 있는 곳이다. 이 16개의 석굴들이 그것이 속해 있는 석굴군을 대표하는 것은 아니지만, 이들 석굴이 해당 석굴군 중에서 불교적인 색채를 가장 잘 담고 있는 석굴임은 틀림이 없다. 자, 이제 석굴을 읽어 보자.

1

아잔타석굴 26굴

불탑을 만나다

수행의 공간, 석굴

불교가 인도에서 시작되었기 때문에, '인도' 하면 불교를 가장 먼저 떠올리는 사람이 많다. 나의 1994년 인도 답사 여행의 목적도 인도의 불교미술을 보는 것이었다. 그러나 그 옛날 인도의 여기저기에 산재해 있던 불교와 미술은 이제 거의 찾아볼 수가 없다. 동양 정신문화의 한 축이었던 불교의 흔적을 더듬어 볼 수 있는 곳이라곤 관광지로 전락한 석가모니 붓다의 성지와 석굴사원뿐이다.

석굴은 인도의 종교 수행자들이 거처하던 일반적인 공간이었다. 불교 이외의 다른 종교에서도 수행을 위해 석굴을 찾는 수행자들이 많았다. 어떤 방해도 받지 않고 수행할 수 있는 곳으로 산 속의 석굴만큼 좋은 곳이 없었기 때문이다. 또한 몬순 기후인 인도에서 여름엔 시원하고 비를 피할 수 있으며 추운 겨울엔 따뜻하다는 장점을 가지고 있으니, 이보다 좋은 곳을 찾기 힘들다. 현존하는 인도의 석굴사원 중 불교 석굴만 대략 1,300여 곳에 이르는 것을 보면 수행자들에게 인기가 높은 수행처였음을 짐작할 수 있다. 이들 석굴사원은 인도 서쪽 산맥의 현무암 지대에 주로 분포하는데, 서기전 1세기부터 조성되었다.[1] 사실 수행자들이 석굴에 은둔하기 시작한 것은 서기전 1500년경 베다시대까지 거슬러 올라간다.[2]

수행을 위한 조용하고 쾌적한 장소라는 실용적 기능 외에도 석굴이 인도의 수행자들에게 사랑받았던 이유는 또 있다. 고대 인도 사람들의 수메루산 관념 때문이다. 우리가 수미좌(須彌座)라고 부르는 불상의 대좌는 수메루를 한자로 음차한 것인데, 수메루는 고대 인도인들이 생각했던 우주의 중심축이다.[3] 당시 사람들은 수메루산이 인간 세상과 천상을 연결해 준다고 믿었고, 히말라야 산맥을 이루고 있는 높은 산봉우리를 수메루산이라고 생각했다. 수메루산 관념에 의하면 산은 하늘과 땅이 연결되는 신성한 공간이었기 때문에, 수행자들은 그 공간에 석굴을 파고 그 속에서 수행하며 깨달음을 구했다.

불교 석굴의 초기 형태는 한 사람의 수행자가 겨우 들어갈 수 있는 정도의 작은 공간이었지만, 점차 승가 집단이 커지면서 서북 인도에서 거대한 석굴들이 조성된다. 석굴이 분포하는 곳은 지금의 마하라슈트라 주의 광범위한 지역이다. 이들 지역에 석굴사원이 많이 조성된데에는 여러 가지 이유가 있겠지만, 뭄바이가 지녔던 풍족한 경제력의 영향이 가장 크다.

뭄바이는 영국이 1668년 아시아 무역거점인 동인도회사를 이곳에 설립할 만큼, 역사적으로 활발한 경제 활동이 이루어지던 곳이다. 뭄바이는 근대 서양의 여러 나라가 수에즈 운하를 통하여 바로 도착할 수 있는 해상 교통이 발달한 서북부 해안 도시로서, 현재 인도에서 가장 큰 도시이기도 하다. 이곳에 처음 도착했던 포르투갈 사람들이 '좋은 만(Bom Bohio)'이라고 불렀고, 이후 영국 사람들에 의해 봄베이가 되었다가, 1995년 정치적인 이유로 봄베이에서 뭄바이로 이름이 바뀌었다. 이렇듯 이곳이 다른 지역과 교역에 유리한 지리적인 조건을 갖추고 있어서 막대한 부를 가진 상인들이 있었으며, 이들이 석굴 조성을 후원했던 것이다.

경제적 이유 외에 역사문화적 이유도 있다. 이야기는 마케도니아의 알렉산더대왕의 동방 원정으로 거슬러 올라간다. 서기전 327년, 알렉산더대왕은 서북 인도(지금의 파키스탄)까지 진출했다. 군사적 정복과 함께 문화를 전파했던 알렉산더대왕의 원정으로 인해 이 지역에서는 간다라미술이 꽃을 피웠다. 알렉산더대왕이 가져온 고대 그리스의 문화 가운데는 거대한 신전 문화도 있었다. 이 역시 간다라미술로 재창조되면서 인도에서는 볼 수 없었던 거대한 규모의 석굴사원이 탄생하는 토대가 되었다. 알렉산더대왕이 물러간 뒤, 이 지역에 들어선 마우리아왕조는 전에 흙과 나무로 짓던 건축물들을 돌을 사용해 짓기 시작했다.

이렇게 전통적인 수메루산 관념, 부유했던 경제적 상황, 새로운 건축 문화가 맞물려 대규모의 석굴사원들이 본격적으로 조성되기 시작했다. 이제 석굴은 더 이상 수행자만 이용하던 개인적인 공간이 아니었다. 석굴은 수행처로서만이 아니라 경제적으로 후원했던 사람들의 신앙처로서의 역할도 겸하게 되었고, 당연히 석굴 안팎의 벽면에는 이들의 소원을 들어줄 만한 인도의 여러 신들이 등장하기 시작한다.

인도의 여러 신들과 불교

인도에서는 아주 오래전부터 수많은 신이 사람들과 함께 살아오고 있다. 그 역사를 조금만 살펴보자.[4]

고대 인도에 살던 원주민은 드라비다인이었다. 드라비다인은 주로 남성의 성기와 대지의 여신을 숭배하였는데, 불교에 수용된 신으로는 풍요의 신 약사(Yakṣa), 약사의 배우자 약시(Yakṣī), 물의 신 나가(Nāga) 등이 있다.

서기전 15세기 무렵부터 서기전 9세기경까지는 아리아인들이 새로 들어와 정착하게 된다. 이들은 태양과 불, 비, 바람과 같은 자연적

아잔타석굴 26굴에서는
인도의 신 약시를 찾아볼 수 있다.

인 존재를 숭배하였다. 고대에는 일반적으로 어떤 민족이든 태양과 관련되는 신을 숭배했다고 볼 수 있는데, 아리아인도 예외는 아니었다. 태양신 수리야(Sūrya)가 그것으로, 이는 그리스의 태양신 아폴로와 비견되는 신이다. 대부분의 태양신이 말을 타고 있는 것처럼, 수리야도 사두마차(四頭馬車)를 타고 하늘을 날고 있는 모습으로 표현된다. 고대 그리스 로마나 근동 지방과 관련되는 하늘의 신 바루나(Varuna)와 불의 신 아그니(Agni) 등도 아리아인들이 숭배하던 신이다.

이 중에서도 아리아인이 가장 숭배했던 신은 천둥과 전쟁의 신 인드라(Indra)다. 코끼리를 타고 있는 인드라는 33존 베다신들의 우두머리로서, 중국에서는 제석천(帝釋天)이라고 번역되었다. 인드라는 우리와도 관계가 깊다. 고려 시대 13세기 후반부터 편찬되기 시작한『삼국유사』의 「단군신화」에 나오는 환웅의 아버지 환인이 바로 인드라다. 『삼국유사』가 불교의 영향을 많이 받았다는 것은 익히 알려진 사실이다. 일연은 고조선 건국 신화인「단군신화」를 불교적으로 각색하면서, 수메루산 꼭대기 하늘나라인 도리천을 다스리는 제석천(환인)과 그의 아들 환웅을 신화로 연결하였다.

서기 전후부터 5세기의 굽타 시대(320년경~550년경)까지 수많은 신들은 서서히 정리되어 불교의 신으로 자리 잡는다. 창조의 신 브라흐마(Brahmā), 유지의 신 비슈누(Viṣṇu), 파괴의 신 시바(Śiva) 등이 대표적인 예다. 이렇게 인도 사람들이 숭배했던 여러 신들이 불교에 수용되어 석굴을 장엄하게 된다. 특히 브라흐마는 '범천'으로 한역되어 제석천과 함께 중국, 우리나라, 일본에서도 중요한 불교 존상으로서의 역할을 하게 된다.

카니슈카왕 사리기 금동, 20cm, 페샤와르박물관 소장
페샤와르 동쪽의 샤지키데리 카니슈카 불탑지에서 출토된 카니슈카왕 사리기는 인도의 많은 신들이 서서
히 정리되어 불교의 신으로 자리 잡는 양상을 보여 준다. 불상의 오른쪽에 힌두교의 신 범천상이, 왼쪽에
아리아인의 제석천상이 있다. 왼쪽에 범천상을, 오른쪽에 제석천상을 두는 우리나라 배치법과 다른 것은
오른쪽을 중시하는 인도의 관습 때문이다. 이들이 한 세트를 이루고 있는 가장 이른 우리나라의 예는 석
불사(석굴암)에서 확인된다.

아잔타석굴의 조성

인도의 석굴 가운데 가장 잘 알려진 것이 아잔타(Ajantā)석굴이다. '아잔타'는 '그동안 사람들이 아무도 모르고 있었던'이라는 뜻인데, 석굴에서 멀지 않은 마을의 이름에서 유래했다. 나 역시 아잔타석굴에 대한 이해가 깊지 않았는데, 2008년 5월 아잔타석굴의 세계적 권위자 월터 스핑크 박사의 강연을 듣고서 관심이 생기기 시작했다.

아잔타석굴은 서인도 데칸 고원의 와고라강을 끼고 76m 높이의 암벽에 개착된 30개의 굴을 말한다. 엘로라석굴이나 아잔타석굴을 갈 때 보통 거쳐가는 오랑가바드(Aurangabad)에서 북쪽으로 107km 떨어져 있다. 호랑이 사냥을 나갔던 영국 군인 존 스미스에 의해 석굴이 처음 발견되어, 10굴 기둥에는 "28 기병대 존 스미스 1819년 4월 28일"이라는 내용이 써 있다.

아잔타석굴 배치도
29굴과 30굴은 2층에 있어
도면에 나타나지 않는다.

아잔타석굴 전경

하지만 석굴에 대한 내용은 약 1400년 전의 기록에서 이미 확인된다. 오랜 기간 인도를 여행하고 645년에 당나라 장안(長安)으로 돌아온 현장(玄奘, 602~664)의 여행기 『대당서역기(大唐西域記)』에서 아잔타석굴이 처음 등장한다. 『대당서역기』 권11 「마하자차국(摩訶刺侘國)」조에 다음과 같은 기록이 있다.

　　나라의 동쪽 경계에 큰 산이 있는데, 산봉우리가 첩첩이 늘어서
　　있고, 겹겹이 놓은 산들은 깊고도 험하다. 이곳에 가람이 있는데,
　　깊은 계곡에 터를 잡고 있다. 높은 당(堂)과 커다란 건물은 암벽을
　　뚫고서 봉우리에 기대고 있다.

아잔타석굴은 대략 서기전 1세기부터 조성되기 시작하였다. 그러나 석굴 조성을 후원하던 사타바하나왕조가 3세기에 멸망하면서 개착이 일시 중단되었다. 그리고 5세기가 되어서야 바카타카왕조의 후원 속에서 석굴 조영이 다시 시작되었다. 따라서 아잔타석굴은 무불상(無佛像) 표현의 시대에 만들어진 석굴과 불상이 봉안되는 5세기 이후의 석굴로 구분된다.

'무불상 표현의 시대'란 석가모니 붓다 사후 약 500년 동안 불상을 만들지 않았던 시대를 가리킨다. 석가모니 붓다는 서기전 565년에 태어나 서기전 486년에 세상을 떠났다. 그는 제자들에게 자신의 상(像)보다 법(法), 그러니까 석가모니 붓다의 겉모습을 닮은 불상보다 가르침이 담긴 '말씀'을 스승으로 삼으라고 유언을 남겼다. 제자들은 스승의 유지를 받들어 불상없이 붓다의 말씀을 따랐다.

하지만 불상을 만들지 않는다고 해서 석가모니 붓다의 상징물 자체를 만들지 않을 수는 없었다. 그래서 제자들은 불상을 대신해 석가모니 붓다를 상징하는 다른 표현들을 사용하기 시작했다. 그가 처음으로 설법했던 사르나트의 녹야원(鹿野苑)에는 사슴이 있었는데, 이를 포착해 사슴으로 첫 번째 설법을 표현하거나 석가모니 붓다의 발자국 형상을 통해 그의 존재를 나타내는 식이었다. 그래서 이 무불상 표현의 시대인 서기전 1세기에 조성된 아잔타석굴에서도 붓다의 모습은 보이지 않고 상징적인 표현들로만 장엄되어 있다.

그런데 1세기 무렵, 석가모니 붓다의 모습을 상으로 만들겠다는 생각이 간다라와 마투라 지방을 중심으로 생겨나기 시작한다. 이는 신상 조각이 허용되던 고대 서양의 영향도 있었지만, 무엇보다 불교계에서 불상을 바라보는 관념, 즉 불신관(佛身觀)이 바뀌었기 때문이다.[5] 아

26굴 내부

잔타석굴에서도 석굴 조성이 재개되던 5세기에는 석가모니불상뿐만 아니라 다양한 불상이 조성되기 시작한다. 30개의 굴 중 26굴은 가장 다양한 모습의 불상을 볼 수 있을 뿐만 아니라 건축적·예술적으로 아잔타석굴을 대표하는 석굴이다.

불상과 불탑의 보고, 26굴

석굴은 크게 비하라(vihāra)식과 차이티야그리하(caityagrha, 이하 차이티야)식으로 구분된다. 우리가 흔히 보는 절은, 불상을 모신 대웅전 등의 불전과 승려들의 생활 공간인 요사채로 구성된다. 석굴사원도 하나의 사원, 즉 절이므로 이런 공간 구성을 가진다. 비하라식 석굴은 수행자가 생활과 수행을 함께 하는 용도로 사용되어 요사채에 가깝다. '불탑'이라는 뜻의 차이티야식 석굴은 무불상 표현의 시대에 불상 대신에 석굴 속에 불탑을 봉안한 것에서 유래되었고, 법당이라고 볼 수 있다.

대부분의 인도 석굴처럼 아잔타석굴에도 이 두 가지 유형이 함께 나타난다. 26굴은 전형적인 차이티야식 석굴로, 안쪽에는 6m 높이의 불탑이 있는데, 이 불탑을 돌며 예불을 할 수 있도록 설계되었다. 탑 표면에는 1.7m 크기의 불상이 새겨져 있고, 둥근 형태의 불탑 위에는 노반(露盤)과 찰주(刹柱), 산개(傘蓋)가 있다.

차이티야식 석굴의 불탑은 세 가지 유형으로 구분된다. 이들 불탑은 형식적으로 같지만, 조성 시기에 따라서 표현 방식이 다르다. 불상을 전혀 표현하지 않는 불탑, 불상이 새겨진 불탑, 불탑 대신에 불상을 조성한 경우가 그것이다. 인도에서는 이들 세 가지 유형이 순서대로 나타난

26굴

26굴은 19굴을 모델로 하여 조성하였기 때문에 석굴의 구조가 비슷하다. 장방형 굴문 위에는 굴 내부로 빛을 끌어들이기 위한 아치형의 광창이 나 있다. 광창은 약간 그 모습이 바뀌긴 하였으나 중국의 여러 석굴에서도 확인된다. 일부 학자들은 이를 근거로 우리나라 석불사(석굴암)에도 굴문 위에 창문이 있었다고 주장하고 있지만, 이는 광창의 성격을 제대로 알지 못한 데서 비롯된 것이다.

19굴

다. 하지만 이 역사적 순서는 인도에서만 유효하다. 중국에서는 이들 유형이 거의 동시에 유입되었기 때문에 만드는 사람의 의도에 따라 특정한 유형이 선택되었다. 중국에서는 불탑만 봉안된 석굴은 거의 찾아볼 수가 없다. 간혹 불탑 표면에 불상을 새긴 중심탑주식 석굴이 초기에 조성되긴 하였지만, 대부분 불탑이 없고 불상만 있는 형식의 석굴이다.

아잔타석굴 26굴은 비하라식 석굴인 1굴, 2굴, 16굴, 17굴과 차이티야식 석굴인 19굴과 비슷한 시기에 조성되었다. 전실 벽면에 새겨진 귀족과 승려의 이름은 26굴이 바카타카왕조의 하리세나왕과 관련되었을 가능성을 높여 준다.[6] 하리세나왕은 5세기 후반에 불교를 적극적으로 후원하였고, 그러한 과정에서 아잔타석굴 조성을 주도하기도 하였다.[7] 그러나 석굴 속 곳곳에 남아 있는 자르다 만 돌의 흔적과 미완성된 벽화들은 급박한 상황 속에 공사가 중단되었음을 짐작게 한다.[8]

굴문 좌측에는 인도의 다른 석굴에서도 많이 볼 수 있는 관음보살상이 있다. 석굴 조성을 후원한 사람들은 그들의 소원을 이 보살상을 통하여 이루려고 한 듯하다. 광창 양쪽에는 드라비다인들이 오랫동안 숭배해 오던 약사상이 석굴을 수호하고 있다.

26굴의 불탑은 우리와도 관계가 깊다. 우리나라 석탑의 상륜부(相輪部)가 처음 시작되는 부분인 복발(覆鉢, 바루를 엎어 놓은 모습)의 원류가 되었던 인도 불탑의 둥근 모습을 26굴 불탑에서도 볼 수 있기 때문이다. 인도에서는 불탑을 둥글게 만들었다. 아마 이 둥근 형태는 마우리아 왕조보다 훨씬 이전에 살았던 왕들의 무덤에서 유래했을 것이다. 무덤 위에는 "망자들의 영혼이 당신을 위하여 이 기둥을 들게 하소서"라는 『리그베다』의 글귀가 새겨진 나무 기둥이 박혀 있었다. 제주(祭柱)라고도 부르는 이 나무는 세계 중심의 나무이자 우주의 축, 세

계의 중심 기둥, 스캄바(skambha)와 같
이 '우주축(宇宙軸)'과 '우주수(宇宙樹)'
의 개념으로 사용되었다.[9] 이는 고대
서양에서 인간 세계와 천상을 연결
한다는 사이프러스 나무나 중국 사
천(四川) 지역에서 유행하던 요전수
(搖錢樹)와도 비교된다.[10]

카라 사원 복원 모형

　　이렇게 무덤 중앙에 꽂았던 기
둥은 이후 불탑의 찰주(擦柱)로 변했
을 것이다. 그것을 증명해 줄 만한 것
이 중앙아시아 호탄 부근의 케리야
에서 발견된 5~6세기의 카라 사원 유적이다.[11] 이 유적에 대한 구체
적인 기록은 없으나 케리야가 당시 중요한 불교 거점이었기 때문에 많
은 불교사원 터가 남아 있다. 유적의 발굴 결과에 따르면, 방형의 공간
을 이루고 있는 사원의 중앙에는 복발형 불탑이 봉안되어 있으며, 탑
중심부에 거대한 크기의 나무 기둥이 꽂혀 있었다고 한다. 이러한 전
통은 『리그베다』의 무덤 위 기둥 장식에서 찾을 수 있으며, 이후 중국
과 우리나라, 일본의 불탑에서 찰주 형태로 계승되고 있다.

불탑의 세계관

세계의 중심 기둥처럼, 인도 초기의 불탑에도 당시 사람들의 세계관과
우주관을 알려 주는 여러 부재들이 있다. 불탑 제일 윗부분에 있는 산

아마라바티탑
석재, 높이 114.5cm, 2세기

둔황 막고굴 303굴의 중심탑주

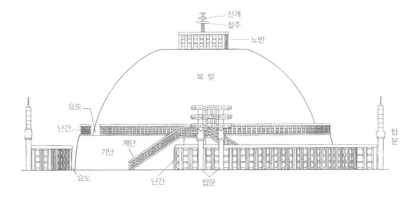

개는 범천이 있는 천신들의 세계를, 찰주는 우주 아래쪽의 물에서부터 최정상의 하늘까지 닿아 있는 세계의 기둥을 상징한다. 노반은 수메루 산 정상의 33천을, 알 모양을 한 반구형의 복발은 세계 중심의 산을 에 위싼 모습으로 죽음 이후의 재탄생을 뜻한다. 난간은 인간이 사는 속세와 붓다의 세계를 구분해 주는 경계이며, 탑문(토라나)은 우리나라 절의 일주문과 같은 역할을 한다. 이 토라나는 세 개의 구멍이 뚫려 있는 정주먹을 양 옆에 세우고 세 개의 정낭을 걸친 제주도의 정(旌)과 매우 유사해 보인다.

　　원래 불탑은 석가모니 붓다의 사리를 모신 곳이다. 사리는 적멸의 세계에서 다시 생명을 잉태시키는 종자로 인식되어 불탑이 태(胎)에 비유되기도 한다.[12] 붓다의 죽음에 대한 정신적인 표현이 열반이라면, 그 조형적인 모습이 탑이다. 이는 알 모양을 하고 있는 26굴 불탑 속에 생명 잉태의 관념이 들어 있다고 생각해 볼 수 있는 근거를 제공한다. 대영 박물관에 소장되어 있는 아마라바티(Amarāvatī)탑 상부의 연꽃 장식을 받치고 있는 복발과 중국 둔황(敦煌) 막고굴(莫高窟) 303굴의 중심탑주는 이런 주장에 힘을 보탠다. 연꽃은 고대 서양에서 '태양', '희망', '생명'을 상징하는 꽃이었다. 따라서 연꽃으로 장엄되어 있는 불탑의 복발이 곧 생명을 잉태하는 곳일 가능성이 높다. 아마라바티 탑의 복발이 지닌 생명 탄생의 관념이 26굴 굴 속에 열을 지어 서 있는 돌기둥의 윗부분에서도 볼 수 있다. 그 모양이 만물을 소생시킨다는 만병(滿甁, pūrṇa-ghaṭa)과 많이 닮았기 때문이다. 이런 이유에선지 이들 초석에서 솟아나온 기둥들이 마치 석굴 속에 생명을 불어넣는 듯하다.

석가모니를
상징하는 불탑

석가모니 붓다의 일대기를 기록한 『대반열반경(大般涅槃經)』에서는 차이티야를 우리나라의 다비장으로, 스투파를 사리를 봉안하는 곳으로 기록하고 있다.[13] 즉 화장터가 차이티야이며, 납골당이 스투파인 것이다. 언제부터인지 알 수 없지만, 차이티야는 스투파가 봉안된 석굴이라는 뜻으로 사용되기 시작하였다.

　　인도 불탑은 태양을 상징하는 만(卍) 자, 즉 스와스티카(swastika)의 평면 구조를 하고 있다.[14] 신자들은 태양의 방향인 동문에서 남문, 서문, 북문 방향의 오른쪽으로 도는 우요(右繞)식의 예불을 올린다. 반면 불탑을 좋지 못한 곳인 무덤으로 인식하는 브라흐만교에서는 좌요(左繞), 즉 왼쪽으로 돈다.[15]

　　붓다의 제자들은 스승의 심부름을 위해 길을 떠날 때 붓다를 오른

26굴 기둥과 그 뒤의 열반상
석굴 속 좌우에 여러 개의 기둥이 세워져 있다. 기둥은 하늘은 둥글고 땅은
네모나다는 관념을 반영한 듯 아랫부분은 각이 져 있으며, 위로 올라가면서
16각, 32각으로 다듬어져 기둥 윗부분에 이르면 원형이 된다.

만병
아마라바티 출토, 석재, 117cm, 2세기

쪽으로 세바퀴 돌면서 예를 올렸는데, 이를 우요삼잡(右繞三匝)이라고 한다. 탑돌이의 시원이라고 볼 수 있다. 반면 심부름을 마치고 돌아오면 붓다의 발에다 이마를 대면서 예를 올렸는데, 이를 오체투지(五體投地)라고 한다. 요즘 법당에서 사람들이 올리는 일반적인 예불법의 시원이다.

인도에서 불탑은 석굴 속에서만 볼 수 있는 것이 아니다. 석가모니 붓다와 인연이 깊은 곳에는 대개 불탑이 있다. 『팔대영탑명호경(八大靈塔名號經)』에 의하면, 석가모니 붓다가 탄생한 룸비니, 깨달음을 이룬 보드가야, 처음으로 설법한 사르나트, 가장 많이 설법했던 기원정사(祇園精舍)가 위치한 쉬라바스티, 어머니 마야(摩耶)부인을 위하여 설법하고 도리천에서 내려왔던 상카시야, 최초의 수행처 죽림정사(竹林精舍)가 있는 라즈기리, 자신의 열반을 예견했던 바이샬리, 열반처 쿠시나가라 등 석가모니 붓다와 인연이 깊은 곳에 불탑을 세운다고 한다. 팔대영탑은 이후 중국에까지 영향을 주어 둔황 막고굴 76굴 등에서 8개의 탑이 나란히 그려진 것을 볼 수 있다.

석가모니 붓다의 열반

석굴 좌측 벽면에는 거대한 열반상이 조각되어 있다. 석가모니 붓다는 열반에 즈음하여 머리는 북쪽, 다리는 남쪽에 두고, 오른쪽 겨드랑이를 바닥에 댄 채 서쪽을 향하여 누웠다. 이는 고대 인도에서 묘사하는 세 가지 죽음의 모습과 관계가 있다. 성인(聖人)은 오른쪽 겨드랑이를 바닥에 대고 옆으로 누워 죽지만, 나쁜 일을 많이 한 사람은 반대로 왼쪽 겨드랑이를 바닥에 대고 죽고, 보통 사람들은 등을 바닥에 대고

죽는다. 석가모니 붓다는 성인이므로 오른쪽 겨드랑이를 대고 누운 것
이다. 또한 석가모니 붓다가 사람의 와법(臥法)을 피하고 동물의 왕인
사자(獅子)처럼 누워 있는 모습을 통해 열반이 일반인의 죽음과는 다르
다는 것을 나타내기도 한다.[16] 이러한 자세는 고대 그리스와 로마로부
터 그 전통이 시작되었다. 현존하는 로마 시대의 석관 표면에는 죽은
사람의 모습이 부조되어 있는데, 예외 없이 오른쪽 겨드랑이를 바닥에
댄 채 옆으로 누워 있다. 사실 죽은 사람이 성인이었는지 알 수는 없
지만, 석관을 사용할 정도라면 부유하며 신분이 높은 사람이었을 것이
고, 당연히 이들은 성인의 죽음과 비슷한 모습으로 석관 표면에 새겨

지길 원했을 것이다.

석가모니 붓다의 열반은 보통 사람들의 죽음과는 다르다. 사람들은 죽은 후에도 여전히 집착에서 벗어날 수 없지만, 석가모니 붓다는 열반 후, 모든 번뇌와 집착으로부터 벗어난다. 열반은 산스크리트어 니르바나(nirvāna)를 니에판(涅槃)으로 음차한 것이며, 다시 우리 식으로 읽은 것이다.[17]

26굴 열반상의 머리맡에는 붓다의 보따리가 있으며, 침상 앞쪽에는 붓다의 마지막 제자였던 수바드라(Subhadra)가 새겨져 있다. 수바드라는 평생 동안 붓다를 괴롭혔던 외도였지만, 막 열반에 들어갈 때 120세의 나이에 붓다의 마지막 제자가 되었다. 붓다의 주변에는 슬픔에 잠겨 있는 쿠시나가라의 마라족 사람들도 보인다. 그날은 음력 2월 15일로, 히말라야산 기슭에서 3월 말에야 피는 사라(Śāla)나무들이 흰 꽃을 활짝 피워 붓다의 열반을 기리고 있다. 사라나무의 흰 꽃은 장례식장을 장식하는 꽃들을 연상시킨다. 장례식은 마라족 사람들이 주도했으며, 속세의 장례 절차에 따라 7일장으로 치러졌다. 이후 불교식으로 장례를 치를 때에는 1, 3, 5, 7과 같은 홀수 날로 치르는 것이 일반화되었다. 홀수는 불교에서 생사와 관련되는 숫자로 여겨져 죽음을 천도하는 49재나, 우리나라에서 탑(석가모니 붓다의 납골당)을 조성할 때 삼층탑, 오층탑, 칠층탑을 조성하는 배경이 되기도 했다. 불교에서 완전한 숫자, 즉 만수(滿數)로 보는 10과 관련되는 십층탑을 제외하곤 이층탑이나 사층탑 등 짝수층의 탑을 전혀 찾아볼 수 없는 것도 이러한 이유에서다.

항마성도와
쉬라바스티의 기적

열반상 안쪽에는 내용에 대한 논란은 있지만, 고타마 싯다르타태자가 보리수 아래에서 깨달음을 이루어 붓다(깨달은 분)이 될 때, 마귀들의 방해를 물리치는 장면이 있다. 이것이 바로 항마성도(降魔成道)다. 붓다는 지신(地神)을 불러서 자신이 깨달음을 이루었다는 것을 증명하기 위하여 모으고 있던 두 손 중 오른손을 풀어 땅을 가리키고 있다.

한편 26굴에는 없으나 붓다가 된 후에 보였던 기적의 장면, 즉 『근본설일체유부비나야잡사(根本說一切有部毘奈耶雜事)』에 기록된 쉬라바

26굴 내부의 항마성도

스티의 기적(사위성신변, 舍衛城神變)이 5세기 말에 조성된 아잔타석굴에서도 확인된다.[18] 석가모니 붓다가 코살라(Kosala)국의 수도 사위성에서 보여 준 믿기 어려운 기적에 관한 이야기다.[19] 당시 사위성에는 육사외도(六師外道) 등 다른 종교 지도자들도 활동하고 있었다. 석가모니 붓다는 이들을 굴복시키기 위하여 기적을 행한다. 불교도였던 코살라국의 프라세나짓(Prasenajit)왕이 석가모니 붓다에게 기적으로 외도를 물리쳐 달라고 청하자, 망고나무 숲에서 기적을 보이겠다고 약속한다. 붓다가 망고를 먹고 씨앗을 뱉자마자 망고나무가 자라 천 개의 망고가 주렁주렁 열린다. 사람들이 놀라자, 다시 망고들을 모두 석가모니 붓다의 모습으로 바뀌게 한다. 유명한 천불화현(千佛化現)의 장면이다. 붓다의 기적을 본 사위성의 사람들은 석가모니 붓다의 말씀을 믿기 시작한다. 사위성신변은 기적적인 행위에 익숙했던 코살라 사람들을 교화하는 하나의 방편이었다. 사위성에서 일어났던 이 신변은 사람들에 의해 많이 회자되었고, 그림이나 조각으로 조성되기도 하였다.

　　신통력으로 다른 사람을 현혹하는 것은 붓다의 진정한 가르침이 아니다. 석가모니 붓다는 평소 제자들에게 신통력을 보이는 행위가 광대나 하는 짓이라고 말했다. 그럼에도 불구하고 붓다는 사위성에서뿐만 아니라 카필라바스투(카필라성)에서 기적적인 모습을 보였다. 석가모니 붓다가 카필라바스투를 방문했을 때, 친족인 사캬(석가)족 사람들은 자신을 인간 고타마 싯다르타태자로만 여길 뿐, 깨달음을 이룬 붓다로는 인정하지 않았다. 이에 붓다는 니그로다 동산에서 공중에 떠올라 쌍신변(雙神變)의 기적을 보였다. 쌍신변은 석가모니 붓다의 상체에서 물, 하체에서 불을 내뿜는 것, 혹은 하체에서 물, 하체에서 불을 내뿜는 신통을 말한다. 붓다의 몸 전신에 있는 구멍에서 여섯 가지의 광채가 뻗

사위성신변
굽타 시대, 사르나트 고고박물관 소장

쌍신변 불상
쿠산 시대, 간다라, 파리 기메동양미술관 소장

어 나와 위로는 범천, 아래로는 철위산의 끝까지 비춘다. 이러한 기적
은 당시 외도들은 도저히 할 수 없는, 석가모니 붓다만이 가능한 것이
었다. 그러자 아버지 숫도다나왕을 비롯하여 사캬족 친족들이 모두 붓
다의 발에다 이마를 대고 존경의 예를 표한다. 간다라 지방에서는 사위
성신변을 천불화현이 아니라 쌍신변으로 표현하기도 하였다.

　　반대편 벽면에는 붓다의 설법 장면이 여럿 있다. 석가모니 붓다
는 35세에 깨달음을 얻은 후 80세에 열반에 이르기까지 45년간 설법
하면서 갠지스강을 오르내렸는데, 그 모습을 표현한 것이다. 같은 벽
면에 비슷한 모습이 여러 개 있는 것은 석굴 조성에 다수의 후원자가

불설법도

참여하였다는 것을 뜻한다. 이것은 그 어떤 주제보다도 중요한데, 붓
다의 설법이 출가자든 재가자든 그들을 위한 것임을 뜻하기 때문이다.

　　아잔타석굴에서와 같이 장기간에 걸쳐 대규모의 석굴을 조성하
던 분위기는 불교의 확산과 함께 중앙아시아와 중국, 우리나라로 이어
진다. 이들 석굴은 중앙아시아를 관통하는 실크로드의 오아시스 도시
를 중심으로 활발하게 조성되었다. 이제 그 길목에 있는 아프가니스탄
의 바미안석굴로 발길을 옮겨 보자.

1   Pia Brancaccio, "Repositioning the Caityagrha :A Fresh Look into the Early Buddhist Rock-cut Tradition of the Western Deccan," 『불교석굴을 찾아서-월터 스핑크 교수 헌정 국제학술대회』, 서울대학교 인문학연구원 문화유산연구소, 2008, pp. 7-25.

2   벤자민 로울랜드(이주형 옮김), 『인도미술사』, 예경, 1999, p. 107.

3   배진달(배재호), 『연화장세계의 도상학』, 일지사, 2009, p. 21.

4   벤자민 로울랜드(이주형 옮김), 『인도미술사』, pp. 45-46.

5   이주형, 「佛像의 起源-"菩薩"에서 "佛"로」, 『미술사학연구』 196(1992), pp. 39-69 ; 「佛像의 起源-쟁점과 과제」, 『美術史論壇』 3(1996), pp. 365-396.

6   Walter M. Spink, "The Vakataka's Flowering and Fall," *The Art of Ajanta:New Perspective*, ed. R. Parimoo, et al., New Delhi : Books & Books, 1991, pp. 71-99.

7   Walter Spink, *AJANTA TO ELLORA*, Bombay : Marg Pub, pp. 7-8 ; Karl Khandalavala, *The Golden Age*, Bombay : Marg Pub., 1991, p. 101.

8   Benoy K. Behl, *The Ajanta Caves: Artistic Wonder of Ancient Buddhist India*, London : Thames and Hudson · New York : Harry N. Abrams, 1998, p. 30.

9   宮治昭, 『彌勒と涅槃の圖像學-インドから中央アジアへ』, 東京 : 吉川弘文館, 1992, p. 21.

10   요전수에 관해서는 다음의 글이 있다. 趙殿增 · 袁曙光, 「從"神樹"到"錢樹"-兼談"樹崇拜"觀念的發展與演變」, 『四川文物』 2001-3, pp. 3-12.

11   국립중앙박물관, 『실크로드와 둔황-혜초와 함께 하는 서역 기행』, 2010. 도록에는 수록되어 있지 않으나 모형으로 전시된 바가 있다.

12   宮治昭, 『彌勒と涅槃の圖像學-インドから中央アジアへ』, 1992, p. 29.

13   宮治昭, 『彌勒と涅槃の圖像學-インドから中央アジアへ』, 1992, p. 17.

14   벤자민 로울랜드(이주형 옮김), 『인도미술사』, pp. 66-69.

15   重松伸司, 「南インドの右手 · 左手集團と祭禮騷擾」, 『國立民族學博物館研究報告』 7-2(1982), pp. 303-348.

16   배진달(배재호), 「羅末麗初 金銅線刻涅槃變相板 硏究」, 『丹豪文化硏究』 3(1998), p. 23, 주37.

17   열반과 열반상에 대해서는 필자의 글이 있다. 배진달(배재호), 「羅末麗初 金銅線刻涅槃變相板 硏究」, pp. 9-47.

18   『根本說一切有部毘奈耶雜事』卷26, 『大正新修大藏經』(이하 T.) 24, No. 1451, pp. 329-333.

19   이주형, 「佛傳의 '舍衛城神變' 說話-문헌과 미술자료의 검토-」, 『진단학보』 76(1993), pp. 143-207.

2

—

바미안석굴 동대불

태양신을 만나다

우즈베키스탄

이란

사마르칸트

아프가니스탄

파미르 고원

카불

바미안석굴

파키스탄

타클라마칸 사막

문화와 파괴의 땅,
바미얀

그라운드 제로(Ground Zero, 피폭된 지점) 기념 조형이 한창이던 2007년 겨울, 뉴욕 맨해튼의 세계무역센터 빌딩에 가 본 적이 있다. 2001년 9월 11일, '9·11테러'로 세계무역센터 빌딩이 무너져 내리면서 그곳은 그라운드 제로가 되었다. 그곳을 볼 때마다 나는 같은 해 3월에 파괴된 아프가니스탄의 바미얀 대불들을 떠올리곤 한다. 이 둘은 공통점이 있다. 대표적인 상징물이고, 쌍으로 되어 있으며, 이슬람 무장세력에 의해 파괴되었다.

바미얀석굴의 동대불 천장에는, 세계무역센터 빌딩을 마주보고 서 있는 자유의 여신상을 연상하게 하는 태양신이 그려져 있다. 동대불 천장의 태양신은 너무 높은 곳에 그려져 있어서 땅에서는 거의 보이지 않는다고 한다. 탈리반이 대불을 파괴했을 때, 천장에서 태양신이 그 광경을 본 것과 같이, 세계무역센터 빌딩이 무너져 내리는 것을 이 태양신을 닮은 자유의 여신상이 보고 있었다. 운명 아닌 운명 같은 이야기다.

지금의 아프가니스탄은 불교라는 말 자체를 꺼내기 어려울 정도로 이슬람화되었다.[1] 그러나 과거 이곳 사람들의 정신세계를 지배했던 대표적인 종교 중 하나는 불교였다. 바미얀석굴은 이곳에서 불교가 얼마나 번성하였는지를 알려 주는 대표적인 예다.

바미얀은 동쪽의 힌두쿠쉬 산맥을 넘으면 타클라마칸 사막과 통하고, 서쪽으로 가면 지중해까지 이를 수 있으며, 남쪽으로는 파키스탄과 인도, 네팔로 이어진다. 이처럼 고대 교통의 요지였기에 바미얀

바미얀석굴 동대불

나는 바미얀에 가 본 적이 없다. 예전엔 가기가 어려운 곳이었고, 지금은 가기가 두려운 곳이다.

은 상업과 문화의 중요한 거점이었다.[2] 이런 도시 주변에는 으레 그곳의 막대한 경제력을 바탕으로 대규모의 석굴이 조성되었는데, 바미얀석굴도 그러한 예다. 바미얀석굴은 동서 방향으로 놓인 1300m의 암벽에 약 750개의 굴로 이루어져 있다.[3]

　바미얀석굴은 아프가니스탄의 수도 카불에서 서북쪽으로 약 240km 떨어져 있다. 고대 중국에서 바미얀을 부르던 이름은 다양했다. 『위서(魏書)』에서는 "범양(范陽)"이라 불렀고, 『수서(隋書)』에서는 "범연(帆延)", "망연(望衍)"이라고 불렀다. 『대당서역기』에서 현장은 "범연나국(梵衍那國)" 등으로 불렀다.[4] 현장은 『대당서역기』에서 그가 이곳을 방문했을 때 현지 사람들이 말하는 것을 듣고 그대로 음차하여 "범연나국"이라고 기록한다고 하였지만, 그 뜻이 무엇인지는 말하지 않았다.

바미얀석굴의 조성

인도의 불교 석굴은 대부분 서북부 지방을 중심으로 조성되었지만, 정작 아프가니스탄과 인접한 간다라 지방 등 고대 인도의 북부 지방에는 석굴이 드물다. 때문에 지역적으로 인도 석굴의 직접적인 영향을 받았을까 하는 의문이 들기도 한다.[5] 인도에는 그렇게나 많은 차이티야식 석굴이 이곳에서는 겨우 2개만 만들어졌고, 그것도 아잔타석굴 26굴과 같은 전형적인 형태도 아니라는 점, 동대불·서대불과 같이 석굴 윗부분의 단면이 나뭇잎 세 개를 겹쳐 놓은 듯한 새로운 형식의 석굴이 조성된다는 점, 그리고 수십 미터나 되는 대불이 조성된 점 등은 인도 석굴에서는 볼 수 없는 바미얀석굴의 특징이다. 이런 바미얀석굴만의 특징은 인도 석굴과 바미얀석굴의 영향 관계에 대한 의문을 증폭시킨다. 어쨌건 인도 석굴에는 없던 이러한 특징들은 이후 중앙아시아와 중국에까지 영향을 미친다.

　　이 대단한 규모의 석굴을 언제 누가 조성했는지 현재로서는 구체적으로 알 수가 없다. 다만 629년경, 당나라 현장이 이곳에 도착했을 때 대불을 금동불상으로 기록할 만큼 금빛 찬란하였다고 한다. 이를 토대로 유추해 보자면, 현장은 바미얀석굴이 조성된 지 얼마 되지 않

서대불

아 도착했다고 볼 수 있다. 644년경, 적어도 바미얀이 이슬람 세력의 지배 아래로 들어가기 전까지는 그 금빛 찬란한 대불의 모습은 변함이 없었을 것이다.

한편 현장은 『대당서역기』에서 대불을 "이 나라의 선왕이 만들었다"고 기록했다.[6] 현장이 말한 선왕이 사산조 페르시아(226~651)의 왕이라고 단정할 수는 없지만, 서대불 천장에 미륵보살이 그려진 것과 달리, 동대불 천장에는 서양 고대 신화에서나 볼 수 있는 내용들로 채워져 있어서 그러한 문화에 익숙한 사산 왕조가 바미얀석굴 조성과 관련되었을 가능성이 있다.[7]

현장은 『대당서역기』에서 바미얀, 즉 "범연나국"에 대하여 다음과 같이 기록하였다.

> 왕성의 동북쪽에 있는 산아(山阿)에 석불입상이 있다. 높이는 140척에서 150척이다. 금빛 나는 보배로 장엄된 것이 화려하다. 그 동쪽에는 가람이 있다. 가람은 이 나라 선왕이 세운 것이다. 가람 동쪽에 유석석가불입상(鍮石釋迦佛立像)이 있는데, 높이가 100여 척이다. 몸은 나누어 주조한 다음, 다시 이어서 붙였다.[8]

현장이 말한 140척에서 150척의 석상은 서대불이며, 100여 척의 유석석가불입상은 동대불로 추정된다. 자세하고 생생한 답사 기록인 『대당서역기』의 내용 중 유독 바미얀석굴 부분은 모호한 표현들이 많아 일부 학자들은 현장이 정말 이곳을 답사하고 기록한 것인지에 대하여 의심하기도 한다.

아프가니스탄의 기록 중에는 『후두드 알 알람(Hudud al-Alam)』(982)

에서 처음으로 바미얀 대불에 대하여 언급하고 있다.[9] 이 책에는 동대불을 '수르흐 부트(Surkh-but, 적색 우상)'로, 서대불을 '힝 부트(Khing-but, 회색 우상)'로 적어 놓았는데, '부트'란 육체적인 아름다움을 비유하는 표현이다.

거대한 불상, 동대불

동대불은 높이가 대략 38m로, 바미얀석굴에서 두 번째로 크다. 동대불은 "이 나라 선왕이 만들었다"는 현장의 기록을 증명이라도 하듯이 태양신을 천장 중앙에 그렸고, 왕실에서나 입었을 법한 옷과 모자 등을 갖춘 여러 존상들이 태양신 주변 벽면에 그려져 있다. 동대불과 같은 석굴을 조성하기 위해서는 경제적 능력은 물론이고, 조성 주체의 정당성이나 권위 또한 뒷받침되어야 한다. '태양신'이라는 상징성을 고려해 볼 때 왕족이 아니고서는 조성이 불가능한 일이었을 것이다.

동대불은 역암(礫巖, 자갈돌)으로 된 암벽에 감실을 파고 직접 형체를 만든 다음 점토와 회를 발라 섬세하게 조각하였다. 그리고 그 위에 석고를 바른 다음 채색과 금박을 입혔다.[10] 이는 불상이 파괴되기 전, 법의와 턱 부분에 남아 있던 흔적을 통하여 알 수 있다. 우리나라 불상에서는 볼 수 없지만, 점토가 사용되는 이 지역에서는 불상에 석고를 바르는 일이 흔하다. 석고는 불상 표면을 매끄럽게 하고, 물이 스며들지 않게 해 준다.

동대불을 보면서 '무엇을 보고 이렇게 큰 불상을 만들었을까?' 하는 의문이 드는 것은 자연스럽다. 교통의 요지에 위치했던 만큼 바미

동대불

이 거대한 불상을 어떤 식으로 예불하였을까? 대불의 발밑에서는 상호(相好, 얼굴)가 어떤 모습인지, 천장의 벽화가 어떤 내용인지 잘 보이지 않는다. 동대불 불두(佛頭)를 중심으로 세 벽면에 사람이 서 있을 수 있는 테라스가 마련되어 있다. 불상 뒤편에는 이곳으로 올라갈 수 있는 통로가 나 있어서 예불하는 사람들은 불두 옆까지 올라가서 불상의 상호와 천장의 그림을 보면서 예불하였다.

불입상 고빈드나가르 출토, 사암,
147cm, 434년, 미투라박물관 소장

안석굴에 영향을 준 곳에 대한 견해는 다양하다. 우선 인도 대불의 영
향을 받았을 가능성이 제시된다. 예를 들어 아잔타석굴 26굴 열반상
(7.3m)과 쿠시나가라 열반상(6.1m), 탁실라 다르마라지카 사원의 소조상
(10m 이상) 등 인도의 거대한 불상들이 바미얀에 영향을 주었을 것이라
는 주장이다.[11] 또한 굽타 시대인 434년에 마투라 지방의 고빈드나가
르에서 조성된 것으로 추정되는 불입상은 바미얀 대불에 대한 인도의

영향을 뒷받침하는 단서를 제공해 주기도 한다. 비록 1.5m밖에 되지 않는 불상이지만, 불상과 양쪽 발밑에 꿇어 앉아 있는 사람들의 크기를 비교해 보면, 엄청나게 큰 불상으로 인식될 수 있다. 이 불상을 보면 바미얀 대불 앞에서 예불하는 사람들이 연상되기도 한다.

콘스탄티누스 1세의 조각상

대부분의 학자들은 바미얀의 대불이 서아시아의 영향을 받은 것으로 보고 있다. 앞서 말했듯이 바미얀석굴에 보이는 몇 가지 특징 중에는 인도 석굴에 없는 것이 있기 때문이다. 만약 인도의 대불이 정말 동대불의 모델이었다면, 인도식 열반상이 바미얀석굴에서 발견되어야 했을 것이다. 또한 인도의 열반상이 크다고는 하나 10m 정도임에 비해 동대불은 그보다 4배나 크다. 영향을 주었다고 판단하기에는 무리가 따른다.

서아시아의 영향을 받았을 가능성을 증명해 주는 것들은 많다. 예를 들어, 로마 시대에는 콘스탄티누스 1세 황제(306~337)의 거대한 조각들이 있다. 1487년, 막센티우스 공회당에서 출토되어 현재 로마의 캄피돌리오박물관에 전시 중인 콘스탄티누스 1세의 조각상은 머리의 높이만 약 2.6m에 발은 2m에 이르는 거대한 존상이다. 우주의 주재자로서 상징화된 황제상들이 바미얀석굴에 영향을 주었을 가능성을 배제할 수 없다.

동대불의 천장 벽화

동대불의 천장 벽화에는 중앙의 태양신과 함께 좌우 벽면에 남녀 공양인상, 보살상, 비천상, 승려상 등이 그려져 있다. 화려하게 치장한 남녀 공양인상은 그 모습으로 보아 대불 조성의 후원자였을 것으로 추정된다. 승려상은 이곳 불두(佛頭) 주변의 테라스에서 불교 의식을 주도했던 사람일 것이다. 벽화를 조금 더 살펴보자.

태양신을 둘러싸고 2존의 바람신과 2존의 가릉빈가(迦陵頻伽)같이 생긴 존상, 날개 달린 전쟁의 신이 그려져 있다. 원형 광배를 배경으로 삼고 망토를 걸친 태양신은 사두마차를 타고 있다. 이 상에 대해서는 수리야(Sūrya), 미트라, 월신(月神) 혹은 이들 성격을 모두 포함하는 상징적인 존재 등 여러 가지 설이 있다. 하지만 이 상이 보편적인 개념의 태양신이라는 것은 조로아스터교에서 숭배하는 '태양원반'이나 '창공',[12] '사산 왕조의 권위', '신의 과호와 은총' 등을 뜻하는 거치문 원형 광배를 통하여 알 수 있다.[13] 태양신은 그리스에서 헬리오스와 아폴론, 로마에서는 아폴로와 솔 인빅터스(Sol Invictus), 미트라(Mithras),[14] 인도에서는 수리야로 불렸다. 동대불 천장의 태양신은 이들 중에서 어느 것과 연관될까?

동대불 천장의 태양신과 비슷하게 생긴 상들은 여러 지역에서 볼수 있다. 로마 시대 3세기 말의 프로부스 황제의 동전에는 거치문 원형 광배를 가진 태양신이 날개 달린 네 마리 말이 끄는 마차를 몰고 있다. 인도에는 바자석굴 19굴과 보드가야 마하보리사(摩訶菩提寺)에서 태양신이 보인다. 바자석굴 19굴은 서기전 2세기부터 1세기까지 조성된 것으로, 인드라와 함께 표현된 사두마차를 타고 하늘을 날고 있는

동대불 천장 벽화

프로부스 황제의 동전 280년경

바자석굴 19굴의 태양신

수리야의 모습이 있으며, 마차 바퀴 아래에는 어둠을 상징하는 괴수가 깔려 있다. 또한 마하보리사 난간에 부조된 수리야도 사두마차를 타고 있으며, 그 옆에 있는 새벽의 여신은 어둠을 향하여 활을 쏘고 있다.

한편, 태양신 양쪽 아래의 활과 화살, 창을 든 날개 달린 존상은 그리스 신화에서 많이 볼 수 있다.[15] 상업과 교통의 신 헤르메스, 승리의 여신 니케, 아름다움의 신 아프로디테, 아프로디테의 아들 에로스

아프로디테 · 판 · 에로스 조각
대리석, 129cm, 서기전 100년경, 아테네 국립고고박물관 소장

등이다. 동대불의 존상이 무기를 들고 있다는 점으로 보아 아프로디테
나 에로스 등과 관련될 가능성이 높다.

　　보통 아프로디테와 에로스는 판과 함께 등장하는데, 델로스에서
출토된 서기전 100년경의 조각이 그 대표적인 예다. 늘씬하고 아름다
운 아프로디테와 염소의 뿔과 다리를 가진 판, 이들 사이에 아기 모습
을 한 에로스가 있다. 목동 헤르메스와 암컷 산양 사이에서 태어난 판

의 모습을 본 사람들은 으레 당황하게 된다. 사람들은 놀라고 당황할 때 패닉 상태에 빠졌다고 하는데, 패닉은 판의 이름에서 유래했다. 한편, '사랑'을 뜻하는 에로스는 사람 얼굴에 새의 날개를 가지고 있다. 동대불의 활을 잡고 있는 존상은 신과 인간을 매개했던 에로스와 많이 닮았다. 동대불 천장의 이들 표현은 바미얀석굴이 고대 그리스 문화의 적지 않은 영향을 받았다는 것을 쉽게 짐작하게 해 준다.

태양신 어깨 위 양옆에는 바람주머니를 들고 있는 바람신이 그려져 있다.[16] 그 원류가 어디에 있는지 알 수 없지만, 이 역시 그리스 신화와 관련될 것으로 보인다. 그리스 신화에는 여덟 개 방향에 바람신이 있다고 한다. 그리스 아테네에 있는 바람신의 탑(Tower of the winds) 꼭대기에도 이들 8존의 바람신이 조각되어 있다. 한편 인도에도 바유(Vayu)라는 바람신이 있으며, 이 또한 서양 고대의 바람신과 연관된다. 고대 그리스 신화에서 시작된 바람신은 바미얀을 거쳐 중앙아시아와 중국, 우리나라, 일본으로 전해졌다. 중국에서는 섬서성 역사박물관 소장의 북위 501년명 사면불비상(四面佛碑像)에서처럼 북을 치는 뇌신(雷神)과 함께 나타난다.[17] 우리나라에서는 안견(安堅)이 바람신을 그렸다는 기록이 있고, 일본에서는 타와라야 소타츠(俵屋宗達)가 실제로 뇌신과 함께 그린 겐닌지(建仁寺) 소장의 유명한 병풍 그림이 전해진다.

동대불과 문화교류

동대불 천장에는 아잔타석굴 벽면을 장식하던 본생도(本生圖, 석가모니 붓다의 전생 그림)와 불전도(佛傳圖, 석가모니 붓다의 현생 그림)가 보이지 않고, 앞에

루벤스, 오레이티아를 납치하는 보레아스 나무에 유채, 146x140cm, 1615년경
바람신은 언제부터인가 바람둥이로 묘사되기 시작했다. 위 그림은 북쪽의 바람신 보레아스가
오레이티아를 납치해 아이들을 낳고 살았던 이야기를 소재로 하고 있다.

풍신도 종이에 채색, 154x170cm, 에도 시대, 겐난지 소장

서 살펴본 것처럼 고대 그리스 신화에서나 볼 수 있는 신들로 채워져 있다. 그리스 문화는 서아시아를 거쳐 이곳 바미얀으로 전래되었다. 대략 600년경까지 바미얀은 사산조 페르시아의 지배를 받으면서 서아시아의 영향을 받았다. 그렇다고 하여 불교가 억압받은 것은 아니었으며, 사산 왕조에도 불교를 믿는 사람이 상당수 있었다.

중앙아시아와 중국의 여러 석굴에 보이는 난간 위 상반신 모습의 존상들은 동대불의 불두 부근의 테라스에서 예불하던 사람들의 모습과 관련 있을 것으로 보인다. 아래에서 그들을 바라볼 때, 하체가 테라스에 가려진 채 상반신만 보이기 때문이다. 중앙아시아의 키질석굴이나 둔황 막고굴, 감숙성(甘肅省)의 금탑사(金塔寺)석굴과 문수사(文殊寺)석굴, 사천성 대족(大足)의 보정산(寶頂山)석굴 등 여러 곳에서 보이는 상반신만 표현된 존상들은 바미얀석굴의 테라스 위 예불하던 사람들을 연상하게 만든다.

바미얀석굴에 보이는 다양성은 그레코 로만과 사산조 페르시아, 소그디아나, 인도, 중앙아시아, 중국 등지에서나 볼 수 있는 다양한 모티프들을 포함하고 있다. 이 모티프들은 서아시아와 중앙아시아, 중국, 우리나라와의 문화 교류를 짐작하게 한다. 서아시아의 펜자켄트 연회홀[18]과 닮은 바미얀석굴의 천장은 그 대표적인 예다. 바미얀석굴 164굴에서 볼 수 있는 이러한 천장은 중앙아시아 키질석굴 67굴에서 나타나며, 147굴의 귀죽임식(말각조정식) 천장은 중앙아시아와 중국은 물론, 고구려의 357년에 조성된 안악 3호분에서도 보인다. 한편 바미얀석굴 167굴의 연주(聯珠)를 물고 마주보고 있는 새는 키질석굴 60굴과 신라의 경주에서도 보인다. 국립경주박물관 야외전시물 중에 연주문은 아니지만, 나무를 사이에 두고 마주보고 있는 두 마리의 새가 새

바미얀석굴 164굴의 천장

펜자켄트 연회홀

　　　　　　　　　　　　　바미얀석굴 동대불

키질석굴 60굴 새 문양

새 문양 돌조각 통일신라 시대, 국립경주박물관 소장

겨진 돌이 있다.

　우리나라와의 문화 교류라는 관점에서 특히 눈길을 끄는 것은 국보 78호 금동보살반가사유상이다. 반가사유상의 보관 장식과 비슷한 형태의 모자를 쓴 공양인의 모습이 동대불 천장에서 확인되기 때문이다. 우리나라에서는 이 보관 장식이 해와 달과 닮았다고 하여 일월식(日月飾) 보관이라고 하지만, 이 공양인 모자에 해와 달은 없으며 꽃과 꽃잎만 보인다. 이들 꽃잎 장식이 사산 왕조에서 많이 보이는 일월식 보관의 변형된 모습일 수 있다는 것을 배제할 수는 없으나, 적어도 국보 78호 금동보살반가사유상의 보관 장식이 바미얀석굴에 보이는 꽃잎 장식에 가깝다는 것은 부인할 수 없다. 경주에서 출토된 사산 왕조

동대불 천장의 보살상(좌)**과 금동반가사유상**(우)
보살상이 쓴 꽃 모양의 보관과 반가사유상의 보관 장식이 유사하다.

와 관련되는 다수의 유물과 같이 반가사유상의 보관 장식도 이러한 문화 교류 속에서 나타난 것이라고 생각된다.

　　바미얀 동대불에는 이 지역이 지닌 복합적인 문화 양상을 대변이라도 하듯이 그리스와 로마의 영향을 받은 대형 불상과 사산조 페르시아와 관련되는 천장 구조, 인도의 불교적인 내용들이 혼재되어 있다. 이제 바미얀석굴에 관한 풀리지 않는 많은 문제들을 남겨 둔 채, 힌두쿠쉬 산맥을 넘어 타클라마칸 사막의 대표적인 오아시스 도시 쿠차로가 보자.

1 　이주형, 『아프가니스탄 잃어버린 문명』, 사회평론, 2004.

2 　守屋和郎, 『アフガニスタン』, 東京 : 岡倉書房, 1941, pp. 189-201 ; 버나드 루이스(이희수 역), 『중동의 역사』, 까치글방, 1998, pp. 261-262.

3 　樋口隆康, 『バーミヤーン : アフガニスタンにおける仏教石窟寺院の美術考古学的調査, 1970-1978』京都 : 同朋舍, 1983.』 vol. 3, pp. 2-5.

4 　바미얀에 대한 기록은 『위서』 권97과 『수서』 권67 등 여러 곳에서 확인된다.

5 　바미얀 대불의 양식적인 특징을 후기 간다라 시기와 연관시키기도 하지만, 석굴의 구조적인 면에서 이란의 영향이 있다고 보는 견해도 있다. A. C. Soper, "The 'Dome of Heaven' in Asia," *The Art Bulletin*, vol. 28, no. 4(Dec. 1947), p. 232.

6 　비교적 초기 연구이긴 하지만 선왕을 카니슈카왕에 비정하기도 한다. A. Foucher, "Lettre a la societe asiatique sur les decouvertes bouddhiques de Bamiyan," *Journal Asiatique*, 1923, p. 354.

7 　Deborah Elisabeth Klimburg- Salter, *Buddhist Painting Of The Hindu Kush: Bamiyan, Fondukistan, Foladi, Kakrak*, Harvard Univ. Ph Diss. 1975, p. 57.

8 　『大唐西域記』卷第1, T.51, No. 2087, p. 873중.

9 　이주형, 『아프가니스탄 잃어버린 문명』, p. 166 재인용.

10 　Deborah Elisabeth Klimburg- Salter, *Buddhist Painting Of The Hindu Kush: Bamiyan, Fondukistan, Foladi, Kakrak*, p. 62.

11 　宮治昭, 『涅槃と彌勒の圖像學 ― インドから中央アジアへ』, p. 556.

12 　名古屋大學, 『バミヤイン ― 1969年度の調査 ―』, 1971, pp. 31-35.

13 　田辺勝美・堀晄 編, 『深井晋司博士追悼シルクロド美術論集』, 東京 : 吉川弘文館, 1987, pp. 160-162.

14 　이란식 복장을 통하여 미트라일 가능성을 제시한 글이 있다. 小谷仲男, 『ガンダーラ美術とクシヤン王朝』, 京都 : 同朋社, 1996, pp. 337-338.

15 　林良一, 『シルクロド』, 東京 : 時事通信社, 1988, pp. 97-107.

16 　H. Robinson, "The Tower of Winds and the Roman Market-Place," *American Journal of Acheology*, vol. 47, no. 1(1943), pp. 291-305.

17 　韓正熙, 「풍신뇌신도상의 기원과 한국의 풍신뇌신도」, 『미술사연구』 10호(1996) ; 『한국과 중국의 회화』, 학고재, 1999, pp. 358-363.

18 　Pavel Lurye, 「판지켄트의 최근 발굴성과」, 『소그드의 역사와 문화』, 2010년 국립중앙박물관 국제학술대회 자료집, pp. 68-104.

3

———

키질석굴 38굴

열반 후, 미륵보살을 만나다

타클라마칸 사막

일본 도쿄국립박물관에는 호류지(法隆寺) 특별전시관이 있다. 그곳에는 호류지가 황실에게 헌납하고 다시 황실이 1878년 박물관에 기증한 300여 점의 보물이 전시되어 있다. '호류지 헌납보물'이라고 부르는 이들 유물 중에는 7세기에 조성된 159호와 160호 금동보살반가사유상이 있다. 이들 반가사유상은 여느 보살상과 달리, 대좌에 산(山) 문양이 새겨져 있다. 보살상을 유심히 보고 있으면, 마치 산꼭대기 위에 보살상이 앉아 있는 것 같은 착각이 든다. 보통 대좌는 연꽃이나 사자로 장엄하는데, 왜 여기선 산을 새겼을까? 나는 그 해답을 쿠차의 키질석굴에서 찾으려고 한다.

    키질석굴은 중앙아시아의 타클라마칸 사막에 있다. 타클라마칸은 '한번 들어가면 나올 수 없는 곳'이라는 뜻으로, 앞서 간 사람들의 인골을 보면서 길을 찾아갈 만큼 험준한 곳이다. 사막은 북쪽의 톈산(天山) 산맥과 남쪽의 쿤룬(崑崙) 산맥으로 둘러싸여 있다. 산꼭대기의 만년설이 지하로 스며들고 다시 사막에서 솟구쳐 올라 오아시스를 형성하는데, 이 오아시스를 중심으로 도시가 만들어진다. 하지만 오아시스에 대한 기대를 가졌다면 실망할 가능성이 높다. 맑은 호수와 야자수가 어우러진 영화의 한 장면 같은 아

**호류지 헌납보물 159호
금동보살반가상**
22cm, 7세기

쿠차 가는 길

혜초의 기록을 보면, 고기를 먹지 않았던 한족 승려들과 달리 쿠차 출신의 승려들은 고기와 마늘을 먹었다고 하는데, 척박한 환경에서 살아남기 위하여 그렇게 할 수밖에 없었던 것으로 보인다.

름다운 경치가 결코 아니기 때문이다. 그래도 뙤약볕 아래 온종일 사막을 걷던 여행자들에겐 이만한 낙원이 없었다.

바미얀에서 쿠차로 오기 위해서는 우선 힌두쿠쉬 산맥을 넘어 타클라마칸 사막 서쪽 끝의 카쉬가르에 도착해야 한다. 길은 이곳에서 서역남로와 서역북로로 갈라진다. 남로로 가면 호탄, 북로로 가면 쿠차가 나온다. 하지만 두 길은 결국 둔황(敦煌)에서 만난다.[1] 이 사막을 투르키스탄(Turkistan)이라고도 부르는데, 과거 이곳이 터키족(Turkish)의 주무대였기 때문이다.

카쉬가르에서 둔황에 이르는 실크로드를 따라가다 보면, 처음에는 소그드 사람들을 만나고, 그 다음 위구르 사람들, 더 동쪽 둔황에 이르면 중국 사람들을 만난다.[2] 과거에 그려진 석굴 속 공양인의 모습에서도 같은 경험을 하게 된다. 키질석굴에도 크고 둥근 눈에 흰자위가 많이 노출된 위구르 사람들을 연상시키는 공양인이 그려져 있다.

쿠차와 불교

석가모니 붓다의 전생을 다룬 본생도는 여러 차례 각색되었기 때문에 시대성과 지역성을 많이 반영한다. 키질석굴 본생도에는 상업과 관련되는 주제가 유난히 많이 등장한다. 이는 석굴 조성의 경제적 배경이 되었던 상업도시 쿠차의 분위기가 반영된 흔적이라고 생각된다. 쿠차는 인도 성지 순례를 위하여 떠난 중국과 우리나라의 구법승(求法僧), 인도에서 중국으로 건너온 전법승(傳法僧)이 한 번쯤은 꼭 들릴 만큼 서역 북로의 가장 큰 오아시스 도시였다. 대번역승 구마라집(鳩摩羅集)의 고향이기도 한 쿠차는 쿠치(Kuchi)와 쿠치나(Kuchina)의 한자식 음차로, '굴곡'이라는 뜻을 지니고 있다. 답사 때의 기억을 더듬어 보자면, 굴곡진 언덕과 자갈 밭, 그 사이에 간간이 풀이 나 있는 쿠차가 떠오른다.

　이곳의 날씨는 『서유기』의 화염산과 같이 여름엔 찔 듯이 덥고 겨울엔 매우 춥다. 이러한 환경에서 승려들이 수행하고 생활하는 데 석굴만 한 곳은 없었다. 특히 쿠차는 중국 정사 『서역전(西域傳)』에 기록된 것처럼, 북쪽의 톈산 산맥에서 각종 광물을 채굴하여 일찍부터 광업이 발달하였다. 당연히 동과 철을 다루는 기술이 중앙아시아의 어느 지역보다 뛰어나 석굴 개착에 많은 도움이 되었을 것이다. 현존하는 석굴의 규모나 수량으로 보아 과거 쿠차에서 불교가 아주 번성하였다는 것은 쉽게 짐작된다. 하지만 불교가 언제 이곳에 전래되었는지는

키질석굴 입구의 구마라집상

알 수 없다. 중국에 불교가 전래된 것이 후한 명제 시기이기 때문에 늦어도 1세기 무렵에는 불교가 들어왔을 것이라는 짐작만 할 뿐이다. 실제로 쿠차에서 3세기 이전의 불교 흔적은 거의 찾아볼 수가 없다. 그러나 256년부터 419년 사이에 1천 개의 사원과 탑들이 쿠차에 생겼으며, 7세기 전반에는 100개 이상의 사원과 5천 명 이상의 승려들이 있었다고 『대당서역기』에 기록되어 있다.[3]

현장은 『대당서역기』에서 쿠차에서는 소승불교를, 호탄에서는 대승불교를 신봉하였다고 기록했다. 하지만 혜초의 『왕오천축국전(往五天竺國傳)』에서는 쿠차 출신의 승려들은 소승불교를, 중원(中原, 장안과 낙양) 지방에서 온 승려들은 대승불교를 믿었다고 기록하고 있다. 이를 보면 아마도 소승불교와 대승불교가 혼재되어 있었던 듯하다. 쿠차불교의 이러한 성격은 키질석굴에 소승불교의 본생도와 대승불교의 천불도(千佛圖)가 그려진 것에서도 추론해 볼 수 있다. 소승불교에서는 석가모니 붓다만 인정한다. 그런 이유로 석가모니 붓다와 관련된 과거의 이야기와 인간 세상에서의 일대기를 중요시하였다. 반면 재가 신도 중심의 대승불교가 전개되면서 신도들의 요구에 따른 다양한 붓다가 출현하게 되는데, 대표적인 예가 천불이다.

키질석굴을 불교사원으로 보는 근대적인 인식은 쉬송(徐松)의 『서역수도기(西域水道記)』에서 처음 확인된다. 석굴이 본격적으로 주목되기 시작한 것은 1903년 오타니 고즈이 탐험대를 필두로, 1906년 독일의 그륀베델, 1907년 프랑스의 펠리오 등에 의해서였다.

키질석굴의 조성

타클라마칸 사막에 산재되어 있는 불교미술은 비슷비슷해 보이지만, 특히 서역북로와 서역남로 사이에는 엄연한 차이가 있다. 북로에는 키질석굴과 베제클리크석굴 등 석굴이 많이 조성되었지만, 남로에는 호탄의 라왁 사원 유적과 같은 절이 주로 조성되었다. 타클라마칸 사막의 석굴은 대략 14개 지역에 걸쳐 800여 개가 있다. 쿠차에는 334개 굴로 이루어진 바이청(拜城) 일대의 키질석굴,[4] 112개 굴로 구성된 쿠차 지역의 쿰트라석굴,[5] 이외 52개 굴의 심심석굴 등 10여 개가 있다.[6]

키질석굴은 쿠차에서 서쪽으로 67km, 바이청에서 동남쪽으로 64km 떨어진 키질향(鄉)에 있다.[7] 키질향에는 동남쪽을 관통하는 무자르트 강이 있는데, 강을 끼고 있는 초르타크 산 남쪽 기슭에 동서 약

계곡 서쪽의 석굴들

2km에 걸쳐 석굴이 조성되어 있다. 대부분의 석굴들이 그렇듯이 키질석굴 앞에도 물이 흐른다.

왜 대규모의 석굴 앞에는 물이 있을까? 지금은 석굴이 관광지가 되었지만, 당시 승려들에게는 생활과 수행의 공간이었다. 당연히 식수의 공급원이 필요했을 것이다. 여기에 관수 수행(물을 바라보며 하는 수행)을 하는 데에도 물은 반드시 필요하였다. 또한 사막에 있는 대부분의 석굴에는 진흙으로 만든 불상이 모셔졌는데, 이 불상을 만들었던 진흙은 대부분 강에서 채취하였다. 키질석굴 속에 봉안된 불상들도 무자르트 강 바닥에서 채취한 진흙으로 만들어졌다. 이는 사막에 있는 석굴에 해당되는 이야기지만, 사막에 있지 않는 중국 석굴 앞에도 물은 흐른다. 단단한 암벽을 뚫을 때, 많은 양의 물이 필요한 소석냉수법(燒石冷水法)을 사용했기 때문이다. 소석냉수법이란 바위 면을 뜨거운 불로 달군 다음, 다시 찬물을 끼어 얹어 식혀 가면서 돌을 떼어 내는 방식을 말한다.

키질석굴은 규모와 수량으로 보아 오랜 기간에 걸쳐 조성된 것 같다. 하지만 석굴이 언제부터 만들어졌는지 알려 주는 구체적인 기록은 남아 있지 않다. 이럴 때 석굴의 편년을 위해 채색에 사용된 안료를 분석한다. 석굴 편년에 중요한 기준이 되는 것이 푸른색 광물성 안료인 라피스 라줄리〔금청석(金靑石)〕다. 서아시아에서 생산되는 이 안료가 사용된 석굴은 인도와 서아시아의 영향을 받은 비교적 이른 시기의 것이며, 그렇지 않으면 당나라가 쿠차를 점령한 7세기 중반 이후에 만들어진 것으로 본다.

키질석굴은 쿠차의 불교 발전 양상과 비교하여 대략 3세기 말부터 8세기까지 조성된 것으로 추정된다. 석굴은 비하라식과 차이티야식의 두 가지 형식으로 나뉘며, 차이티야식보다는 비하라식이 훨씬 많다.

미륵과 열반

4세기 말에 조성된 것으로 추정되는 키질석굴 38굴을 보자. 38굴의 조성 시기에 대해서는 3세기 말부터 6세기까지의 다양한 설이 있다.[8] 다만 키질석굴의 영향을 받아 조성된 것으로 보이는 둔황 막고굴 268굴과 272굴, 275굴이 4세기 말이나 5세기 초로 편년되기 때문에 대략 이때나 이보다 약간 앞선 시기에 만들어진 것으로 본다.

키질석굴과 같이 사막에 조성된 석굴은 규모가 클 경우 암질이 약하기 때문에 천장이 쉽게 붕괴된다. 따라서 석굴을 조성할 때 가운데 부분을 남겨 두고 파낸다. 이를 석굴 중앙에 탑과 같이 생긴 기둥이 있다고 하여 '중심탑주'라고 부르며, 이러한 석굴을 '중심탑주식 석굴'이라고 한다.[9] 38굴도 그 범주에 속한다. 중앙아시아에서 볼 수 있는 이러한 형식의 석굴은 아잔타석굴 26굴과 같은 인도의 차이티야식 석굴과 사막이라는 지형적인 특성이 결합되어 나온 것이다. 탑주는 방형으로서 정면이나 네 면 모두에 감실(龕室)을 파고, 그 속에 불상을 조성하는 것이 일반적이다. 38굴 탑주 정면에도 불상이 봉안된 감실이 있으나, 현재 불상은 부서져 없어진 상태다.

38굴 탑주 정면을 보면서 인도의 차이티야식 석굴 중 불상이 새겨진 불탑을 연상한 적이 있다. 중심주와 측벽 사이에 나 있는 통로 천장도 아잔타석굴 26굴의 볼트형 천장을 생각나게 한다. 석굴 측벽에 조각되어 있던 아잔타석굴 26굴의 열반상은 38굴에서는 석굴 뒷벽에서 보인다. 아잔타석굴 26굴의 열반상과 키질석굴 38굴의 열반도는 측벽이나 뒷벽에 놓여 석굴의 한 부분에 불과하지만, 당나라 8세기 후반의 둔황 막고굴 158굴에 이르면 열반상이 석굴의 주존으로 자리를

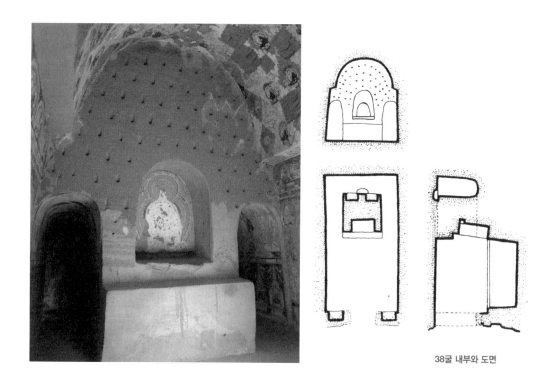

38굴 내부와 도면

잡아 열반굴로 발전하고 있는 것을 볼 수 있다.

차이티야식 키질석굴의 반 이상에 열반 장면이 그려지거나 조성되어 있다. 처음에는 76굴(공작굴)에서 보듯이 불전도의 한 장면에 지나지 않았지만, 점차 그 존재감이 부각되면서 161굴에서는 전벽 굴문 위에 그려지고, 급기야 38굴에 와서는 뒷벽 전체를 할애하여 열반 장면이 배치된다. 석굴 속에서 열반상의 존재감이 커지는 것은 석굴 구조의 변화와 관련이 있을 것이다. 즉 76굴은 궁륭형 천장의 장방형이며, 161굴은 대상굴(특별히 큰 불상을 봉안한 석굴), 38굴은 중심탑

38굴 뒷벽 열반도

38굴 전벽의 미륵보살설법도

안에서 38굴 입구를 바라본 모습

주식 석굴이다.

38굴 속으로 들어가 보자. 굴로 들어간 다음 몸을 돌려 문 입구 위쪽을 보면, 교각자세의 미륵보살상이 앉아서 설법하는 모습이 보인다. 도솔천에서 설법하는 미륵보살과 이를 듣고 있는 권속(무리)들이다. 유송 시대(424~442)의 저거경성(沮渠京聲)이 번역한 『관미륵보살상생도솔천경(觀彌勒菩薩上生兜率天經)』과 관련되는 내용으로, 도솔천과 그곳에 있는 미륵보살이다.[10] 미륵보살은 석가모니 붓다가 열반한 뒤 56억 7천만 년 후에 인간 세상에 내려와 세 번에 걸친 설법을 통하여 모든 중생들을 구제한다고 한다. 흔히 '미래불'이라고 하면 '미륵불'을 말하는데, 도솔천의 미륵보살로 있다가 먼 미래에 인간 세상에 내려와 중생들을 제도하기 위하여 붓다가 되기 때문이다. 38굴 벽면에는 도솔천의 아름다운 분위기를 띄우기 위해 기락천(伎樂天)들이 악기를 연주하고 있다. 이들이 연주하고 있는 악기들은 수당 시대 문헌에 기록되어 있는 쿠차악(龜玆樂)과 일치한다.[11]

중앙아시아와 중국에서 유행하던 미륵상은 기본적으로 의자에 앉아 있다. 불상이든 보살상이든 간에 가부좌를 하지 않고 의자에 앉는 형식이다. 즉 반가 자세(가부좌에서 한쪽 다리를 아래로 내린 반가부좌 자세)와 의자에 앉아 두 다리를 나란히 내려놓은 의좌 자세, 발목을 X자로 교차한 교각 자세가 그것이다. "태자사유상(太子思惟像)"이라고 새겨진 반가사유상 역시 미륵의 성격을 지니고 있다고 본다.

키질석굴에 보이는 교각 자세의 미륵보살상은 점차 석굴에서 눈에 잘 띄는 곳에 표현된다. 38굴과 같이 전벽 문 위에 있던 이 상은 77굴에 이르러서는 오른쪽 벽면에, 다시 80굴에서는 가장 잘 보이는 중심탑주 윗부분에 그려진다. 키질석굴에서 교각보살상의 중요성이 점

막고굴 275굴의 교각미륵보살상

점 부각되기 시작하면서 급기야 막고굴 275굴에 이르러서는 석굴 전체의 주존으로 자리 잡는다.[12] 막고굴 275굴의 교각미륵보살상은 바미안석굴에서 키질석굴을 거쳐 지속적으로 발전한 것으로 볼 수 있다.

한편, 38굴과 같이 키질석굴에서는 전벽에 교각보살상이 그려지면, 대체로 뒷벽엔 열반 장면이 표현된다. 교각보살상과 열반상이 짝을 이루고 있는 모습은 이미 바미얀석굴 228굴, 388굴, 330굴에서도 보여 양 지역 간의 영향 관계를 짐작하게 한다. 38굴 후실로 들어가는 통로 벽면에는 마치 뒷벽에 열반상이 있다는 것을 암시라도 하듯이 열반과 관련되는 내용들로 가득 채워져 있다. 38굴 열반도를 보면, 오른쪽 겨드랑이를 바닥에 댄 채 옆으로 누워 있는 석가모니 붓다 뒤편으로 범천, 제석천, 사천왕이 두 손을 모으고 붓다를 내려보고 있다. 또한 발 쪽에는 무릎을 꿇고서 발에다 예불하는 가섭(迦葉)의 모습이 그려져 있는데, 가섭은 석가모니 붓다의 가사와 발우를 미륵불에게 전하는 역할을 한다.

38굴 천장과
천상의 세계

키질석굴 38굴 천장 중앙의 목조건축 종도리 부분에 해당되는 곳에는 불상과 해, 달, 바람신, 함사조(銜蛇鳥, 뱀을 물고 있는 새)가 일렬로 그려져 있다. 여기에 천아(天鵝, 하늘 거위)로 보이는 새 네 마리가 서로의 꼬리를 물고서 해와 달을 감싸고 있다. 해와 달의 모티프는 이란에서 출토된 서기전 12세기의 쿠두루(국경의 경계석)에서 확인되듯이, 고대 동양뿐만 아니라 서양에서도 그 전통이 확인된다. 네 마리의 새가 꼬리를 물고 해와 달 주변을 도는 모습은 동양적인 모티프라기보다 고대 메소포타미아 문명에서부터 시작된 전통이다. 38굴의 바람신 역시 바미얀 동대불의 그것처럼 서양 고대 문화에 원류를 두고 있다.

종도리 부분을 중심으로 천장은 양쪽으로 나뉘고, 경사가 진 양쪽

면에는 여러 개의 마름모 구획 속에 인연이야기와 본생담이 그려져 있다. 쿠차 지역 석굴의 특징이라고 할 수 있는 이 마름모 구획은 선이 바르고 일정하여 목탄이나 숯가루를 묻힌 실을 튕겨 대략 구획을 만든 다음 그린 것으로 추정된다.

이 마름모 구획을 보고 있으면, 산을 오르고 그 뒤에 있는 큰 산을 또 올라 천상으로 여겨지는 종도리 부분의 해와 달에 이르는 듯한 착각에 빠지곤 한다. 이는 결코 시각적 착각만은 아니다. 중첩된 구획이 바로 수메루산이기 때문이다. 이는 키질석굴 118굴의 좌측 벽면의 벽화를 보면 단적으로 드러난다. 아랫부분에는 해와 달이 표현된 수메루산이 표현되어 있고, 윗부분에는 수메루산 위 하늘나라인 도솔천의 미륵보살이 있다.

인도에서 시작된 수메루산의 관념은 키질석굴을 거쳐서 중국과 우리나라, 일본에까지 영향을 준다. 5세기 후반, 북위의 수도 대동(大同)에서 멀지 않은 곳에 조성된 운강석굴 10굴의 굴문 위에는 수메루산이 조각되어 있다. 여기에서는 마름모가 아닌 실제 산의 모습으로 공간을 구획하였으며, 키질석굴과 같이 본생도로 공간을 채우지도 않았다. 그저 산속에 사는 새와 사슴 등 동물들만 보인다. 키질석굴 38굴과 운강석굴 10굴은 공간을 나누는 구획 방식과 그 속에 표현된 내용도 다르지만, 기본적으로 수메루산을 표현하고 있다는 공통점을 지니고 있다. 이들 두 석굴의 분위기가 비슷하기는 하지만, 운강석굴 10굴 조성에 미친 남조의 영향을 무시할 수 없기 때문에 키질석굴과의 관련 가능성만 강조할 수는 없다. 이렇게 산을 구획하고 그 속에 동물과 식물을 표현하는 전통은 사천 지방에서 출토된 화상석(畫像石)에서 보듯이 이미 한나라 때부터 내려오고 있기 때문이다.

운강석굴 10굴의 수메루산

화상석 사천 출토, 41x47cm, 후한

한편, 1993년 우리나라 부여에서 출토된 백제 금동대향로에도 중첩된 산속에 다양한 모티프가 표현되어 있다. 키질석굴과 금동대향로의 그것이 유사하다는 점을 알아채기는 어렵지 않다. 특히 향로의 뚜껑과 몸체를 구분해 주는 파도 무늬의 가로 띠가 천장과 벽면을 나누고 있는 38굴의 띠 문양과 매우 닮았다. 38굴의 띠 문양인 헤엄치고 있는 오리와 물고기가 금동대향로의 파도 무늬와 함께 '물'이라는 특징을 공유하고 있다는 것은 놀라운 일이다.

금동대향로의 파도 무늬

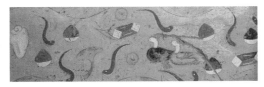

38굴의 오리와 물고기

금동대향로

키질석굴 38굴

본생도

38굴의 마름모 구획 속에는 본생담(자타카, jātaka)과 인연이야기(avadāna)가 그려져 있다. 산 모습을 나타낸 것으로 보이는 마름모 형태는 갈색과 흰색, 초록색의 다양한 색으로 칠해져 있는데, 배경에는 작은 꽃 문양이 있다. 그림의 주제는 분명하게 알 수 있는 것도 있지만, 대부분 간략하게 그려져 있고, 유사한 이야기가 여러 출처에서 나타나기 때문에 주제와 관련된 특정한 문헌을 비정하기는 쉽지 않다.

　　본생담은 산스크리트어 경전에 547가지나 기록되어 있다.[13] 담무참(曇無讖)이 번역한 『대반열반경』에 언급된 자타가경(闍陀伽經, 본생담을 엮은 경전)은 석가모니 붓다가 과거에 사슴, 곰, 노루, 토끼, 왕, 전륜성왕, 용, 금시조 등의 몸으로 좋은 일을 많이 함으로써 붓다가 될 수 있었다는 내용들을 모은 것이라고 한다. 본생담이 주는 메시지는 석가모니 붓다처럼 깨달음을 얻기 위해서는 좋은 일을 많이 해야 한다는 것이다.

　　본생담은 『현우경(賢愚經)』과 같은 소승경전과 밀접한 관련이 있다.[14] 그것은 석가모니 붓다가 실천했던 좋은 일에 관한 이야기이기 때문에 대승경전의 여러 붓다와는 상관이 없다. 사실 본생담은 석가모니 붓다와 관련되는 초기 경전의 내용과 민간에서 전해오던 인도의 전통 설화를 기초로 각색되었다. 본생담은 이야기의 신빙성을 높이기 위하여 베나레스(바라나시) 등 인도의 실재 지역을 배경으로 하는 것이 특징이다. 어떻게 보면 본생담은 경전의 내용 중에서 가장 스토리텔링화되어 있다고 볼 수 있다.

　　38굴 본생도에도 인도의 베나레스를 배경으로 펼치는 장면이 있

인연
이야기

인연
이야기

본생담

본생담

본생담

인연
이야기

인연
이야기

본생담

다.[15] 베나레스의 브라흐마닷타왕은 잡아온 오백 마리의 사슴을 차례로 잡아먹기 시작한다. 새끼를 밴 암사슴이 죽을 차례가 되자 황금빛 사슴왕 니그로다가 암사슴을 대신하여 먼저 죽기를 자처한다. 니그로다의 행동에 감복한 왕은 잡아왔던 사슴들을 죽이지 않고 편안하게 뛰어 놀 곳을 마련해 주었는데, 그곳이 녹야원이다. 사슴왕 니그로다는 당연히 석가모니 붓다의 전생 모습이다. 사르나트 녹야원은 베나레스에서 북쪽으로 10km 정도 떨어져 있다.

키질석굴에서 확인되는 본생도는 100여 종이다.[16] 둔황 막고굴의 20여 개 굴에서 본생도가 확인된다는 것을 감안하면, 이곳에서 본생도가 매우 유행했다는 것은 자명한 일이다. 승려들은 이러한 본생도를 보면서 석가모니 붓다와 같이 깨달음을 이루기 위하여 열심히 수행했을 것이다. 본생도가 그려진 곳이면 거의 빠지지 않고 등장하는 인기 있는 주제는 단연 『금광명경(金光明經)』「사신품(捨身品)」의 마하사트바태자 이야기로, 38굴에도 있다.[17] 전생의 마하사트바태자였던 석가

니그로다 본생도
그림 왼쪽에 사슴왕 니그로다가 보인다.

모니 붓다는 굶어 죽기 직전의 어미 호랑이와 새끼 호랑이들을 위하여 스스로 몸을 희생하여 먹이가 된다. 이처럼 호랑이의 생명을 구하기 위하여 자신의 몸을 희생한 태자는 몇 번의 생이 지난 다음, 석가모니 붓다가 된다.

또 하나의 인기 있는 주제는 『불설보살본행경(佛說菩薩本行經)』에 보이는 노도차(勞度叉) 설법에 관한 이야기다. 전생에 비능갈리왕이었던 석가모니 붓다는 노도차의 설법을 듣고 깨달음을 이루기 위하여 천 개의 못이 몸에 박히는 고통을 참아 낸다. 이러한 고통을 감수함으로써 왕은 몇 생이 지난 다음, 석가모니 붓다가 될 수 있었다. 키질석굴 38굴의 본생도에는 살갗을 베어 피로 보시하거나 눈을 파내어 다른 사람에게 주는 등 자신을 희생하여 사람들을 구제했던 붓다의 전생이야기도 있다.[18]

인연이야기 그림

전생에 행한 좋은 일이 쌓여 지금의 붓다가 될 수 있었다는 이야기가 본생담이라면, 석가모니 붓다와의 좋은 인연을 통하여 내세에 붓다가 될 수 있다는 이야기도 있다. 어떤 면에서 보면, 석가모니 붓다가 인간 세상에서 맺었던 인연이야기는 붓다의 전기를 다룬 불전담의 범주에 속한다고 볼 수 있다. 38굴 천장의 마름모 구획을 보면, 그것이 본생담인지 인연이야기인지는 쉽게 알 수 있다. 그림의 구도가 다르기 때문이다. 본생도와 달리, 인연이야기 그림(인연고사도)에서는 석가모니 붓다를 부각시키기 위하여 거의 예외 없이 중앙에 그린다.[19]

인연이야기는 12가지 인연을 강조하는 소승불교의 '십이인연(十二因緣)'에 기초하고 있다. 38굴의 인연이야기 그림 중에는 라훌라가 라자그르하에서 아버지 석가모니 붓다의 발을 씻어주었던 이야기(『경률이상(經律異相)』 권7)가 있다. 또한 사위성에서 아사세왕에게 설법하고 밤늦게야 기원정사로 돌아오던 붓다를 위하여 왕이 길가에 등을 켜는 것을 보고, 노파 난타도 구걸한 동전 두 푼으로 등 공양을 하였다는 이야기〔『아사세왕수결경(阿闍世王授決經)』, 『현우경』의 「빈녀난타품(貧女難陀品)」〕가 있다. 놀랍게도 아사세왕의 등은 모두 꺼졌는데, 난타가 공양한 등은 꺼지지 않았다고 한다. 이는 공양하는 마음을 강조하기 위한 것으로, 난타는 결국 석가모니 붓다로부터 미래에 붓다가 될 것이라는 수기(예언)를 받게 된다.

불전도

초기 석굴의 대부분이 그렇듯이 38굴에도 불전도가 그려져 있다.[20] 『보요경(普曜經, 랄리타비스타라Lalitavistara)』의 파종식과 관련된 싯다르타 태자의 첫 번째 사유 이야기가 38굴에서 확인된다. 석가모니 붓다의 아버지 숫도다나왕을 정반왕(淨飯王)이라 하고, 숙부를 백반왕(白飯王)이라고 부른다. 태자가 속해 있던 사캬족은 쌀(飯) 농사를 하면서 생활하던 농경 민족이라는 뜻이다. 그들에게 한해 농사의 시작을 알리는 파종식은 국가적인 행사였다.

태자의 첫 번째 사유에 관한 이야기는 이렇다. 아버지 숫도다나왕을 따라 파종식에 참가한 어린 태자는 채찍에 맞아 피 흘리는 소와

싯다르타태자의 첫 번째 사유

간다라 출토, 69cm, 2-3세기, 페샤와르박물관 소장

대좌 오른쪽의 소가 쟁기를 끌고 있는 모습에서 파종식임을 알 수 있다.

초라한 모습의 농부, 밭을 갈자 흙에서 나온 벌레를 잡아먹는 뱀, 뱀을 쪼아 먹는 새의 참혹한 광경을 보고 고통을 느낀다. 태자는 이러한 고통에서 벗어날 수 있는 방법이 무엇인지 염부수(閻浮樹) 아래에 앉아 생각에 잠겼다가 뜬눈으로 밤을 세운다. 중국에서 나무 아래 앉아 있는 반가사유상에다 "태자사유상"이라고 명문을 새기곤 하였는데, 다 이러한 배경과 관련된다.

　38굴의 본생도, 인연이야기 그림, 불전도가 주는 메시지는 단순하다. 깨달음이란 결코 하루아침에 이루어지는 것이 아니라 오랜 세월에 걸쳐 수행해야만 가능하다는 것이다. 석가모니 붓다와 같이 깨달음을 이루기 위하여 승려들은 굴속에서 수행하면서 그림 속에 그려진 붓다의 이야기를 보고 되뇌었다.

38굴과 승려의 수행처

38굴의 가장 큰 특징은 열반도와 붓다의 열반 후 미래에 인간 세상에 도래하게 될 미륵보살을 한 공간 속에 그려 놓았다는 것이다. 승려들은 이 장면을 보면서 붓다와 같이 수행 정진하여 깨달음을 이루고 마침내 도솔천의 미륵보살을 친견하고자 하였다. 38굴 미륵보살상의 도상적 전거는『관미륵보살상생도솔천경』에 두고 있지만, 석굴 속에서 수행하던 승려들이 도솔천의 미륵보살을 친견하고자 했던 선관(禪觀) 수행과 관련된다.[21] 굴속의 실제 분위기는 승려들이 안거할 때 이용되는 우리나라 선방과 같다.

　한편, 석굴 속의 내용들은 중국에서 비석에 표현되기도 하였다. 북위 황흥 5년(471)명 석조교각미륵불좌상에 보이는 여러 내용들은 38굴을 함축해 놓은 것

황흥 5년명 석조교각미륵불좌상
섬서성 출토, 87cm, 471년, 비림박물관 소장

같다. 정면의 교각미륵불상과 광배 뒷면의 본생도와 불전도, 열반도는 38굴에서도 보이는 것들이다.

키질석굴 38굴을 보면, 호류지 헌납보물 159호와 160호 금동보살반가사유상의 대좌에 왜 산 문양이 새겨져 있는지 이해할 수 있다. 대좌에 새겨진 산은 다름 아닌 승려들의 수행처였던 수메루산인 것이다.[22] 승려들은 수행을 통하여 수메루산 위 도솔천에 이르러 궁극적으로 미륵보살을 만날 수 있다고 생각했던 것 같다. 7세기 후반 일본의 수메루산 관념은 이들 보살상에서만 나타나는 것이 아니라 아스카 자료관의 수메루산 조형이나 호류지 금당의 석가삼존상 대좌(623), 다마무시즈시(玉蟲廚子) 좌대의 수미산 표현에서도 볼 수 있다. 키질석굴 38굴과 함께 그 연관 관계를 다시 한 번 생각해 보자.

1 권영필, 『실크로드 미술-중앙아시아에서 한국까지-』, 열화당, 1997 : 임영애, 『서역불교조각사』, 일지사, 2006.

2 국립중앙박물관, 『소그드의 역사와 문화』, 국립중앙박물관 국제학술대회 자료집, 2010.

3 『大唐西域記』卷1, T.51, No. 2087, p. 870상.

4 이중에서 정식 번호가 부여된 석굴은 모두 269개이다. 新疆龜玆石窟硏究所 編, 『克孜爾石窟內容總錄』, 烏魯木齊 : 新疆美術撮影出版社, 2000, pp. 1-3.

5 新疆維吾爾自治區文物管理委員會·庫車縣文物保管所·北京大學考古系 編, 『中國石窟 庫木吐喇石窟』, 北京 : 文物出版社, 1992.

6 민병훈, 「중앙아시아의 종교 유적-국립중앙박물관 소장 벽화관련 유적을 중심으로」, 『국립중앙박물관 소장 중앙아시아 종교회화』, 국립중앙박물관, 2013, p. 16.

7 新疆維吾爾自治區文物管理委員會·拜城縣克孜爾千佛洞文物保管所·北京大學考古系 編, 『中國石窟 克孜爾石窟』, 北京 : 文物出版社, 1989.

8 Li Chongfeng(李崇峰), "Sinicization of Indian Cave-temples：Taking Chētiyaghara and Lēṇa as Examples," 『불교석굴을 찾아서』, 월터스핑크교수 헌정 국제학술회의, 서울대학교 인문학연구원 문화유산연구소, 2008, p. 94

9 키질석굴에는 중심탑주식 석굴 외에 大像窟, 僧房窟 등이 있다. 宮治昭, 「キジル石窟の構造と壁畵·彫塑の圖像構成」, 『キジルを中心とする西域佛敎美術の諸問題』, 佛敎美術硏究 上野記念財團造成硏究會報告書 22冊(1991), pp. 7-10.

10 『觀彌勒菩薩上生兜率天經』, T. 14, No. pp. 418하-419상.

11 新疆龜玆石窟硏究所 編, 『克孜爾石窟內容總錄』, p. 279 재인용.

12 배진달(배재호), 『중국의 불상』, 일지사, 2005, p. 71.

13 金維諾, 「佛本生圖形式的演變」, 『中國美術史論集』, 臺北 : 明文書局, 1987, pp. 389-396 : Cowell, E. B., *The Jātaka or Stories of the Buddha's Former Births*, 6 vols, New Delhi : Munshiram Manoharlal Pub., 2002.

14 趙莉, 「克孜爾石窟壁畵中的《賢愚經》故事硏究」, 『吐魯番學硏究』 第二屆吐魯番學國際學術硏討會論文集(新疆吐魯番地區文物局 編, 上海 : 上海辭書出版社, 2006), pp. 369-390.

15 中野照男, 「キジル壁畵第二期の本生圖」, 『美術史』 104(1978), pp. 112-126.

16 키질석굴의 본생도, 불전도, 인연이야기 그림에 대해서는 다음의 책을 참고하기 바란다. 龜玆石窟硏究所·拜城縣史志編纂委員會·阿克蘇地區史志編纂委員會, 『克孜爾石窟志』, 上海人民美術出版社, 1993, pp. 34-109.

17 마하사트바태자 본생담은 이 경전 외에도 『六度集經』 권1, 『菩薩投身餓虎起塔因緣經』, 『合部金光明經』 권8, 『金光明最勝王經』 권10, 『賢愚經』 권1 등 여러 곳에서 확인된다. 金維諾, 「佛本生圖形式的演變」, p. 388 재인용.

18 謝生保, 「從『睒子經變』看佛敎藝術中的孝道思想」, 『大足石刻硏究文集』 3(2002), pp. 254-272.

90

19   丁明夷・馬世昌・雄西,「克孜爾石窟的佛傳壁畫」,『中國石窟 克孜爾石窟』(新疆維吾爾自
       治區文物管理委員會・拜城縣克孜爾千佛洞文物保管所・北京大學考古系 編, 北京: 文物
       出版社, 1989), pp. 185-222.

20   丁明夷・馬世昌・雄西,「克孜爾石窟的佛傳壁畫」, pp. 185-222.

21   『觀佛三昧海經』卷3-4 , T.15, No.643, p. 659중, p. 664중, p. 665중.

22   A. F. Howard, *The Imagery of the Cosmological Buddha*, Leiden, 1986, p. 31, p.
       36.

4

—

병령사석굴 169굴

불비상을 보다

하서주랑

1992년 가을, 나는 국립대만대학 답사팀의 일원으로 하서주랑을 처음 답사하였다. 하서주랑(河西走廊)이란 황하의 서쪽이라는 뜻의 하서와 황하를 따라 형성된 협곡의 통로를 말한다. 4세기 후반, 북량(北涼)의 수도 양주(涼州)는 중국 불교의 중요한 거점 중 한 곳이었다. 이곳의 불교는 점차 하서주랑을 따라 동쪽으로 전개되었는데, 서쪽의 둔황부터 동쪽의 장안(서안)까지 그 영향을 미쳤다.

　둔황, 주천(酒泉), 장액(張掖), 무위(武威), 고장(姑藏), 양주(涼州), 난주(蘭州), 천수(天水), 장안 등으로 이어지는 이 주랑의 주변에는 크고 작은 석굴이 조성되어 있다. 둔황의 막고굴(莫高窟), 장액의 금탑사(金塔寺)석굴, 무위의 천제산(天梯山)석굴, 천수의 맥적산(麥積山)석굴 그리고 난주의 병령사석굴이다.

병령사석굴 주변 경관

병령사석굴은 난주와 가까운 영정현(永靖縣)에서 서북쪽으로 40km 떨어진 황하의 북쪽 언덕 소적석산(小積石山)에 있다. 티베트어 '병령'은 '십만불(十萬佛)'을 뜻한다.[1] 십만불이라는 뜻에 걸맞게, 1951년 10월 처음 실시된 석굴 조사에서 40개의 큰 굴과 144개의 작은 굴이 드러났다. 석굴에서는 420년경 서진(西秦) 시대에 조성된 불상부터 송대의 것까지 여러 시대의 불상과 불화가 발견되었다. 이 중 서진 시대의 문소왕(文昭王) 걸복치반(乞伏熾磐, 412~428) 때에 가장 활발한 조성이 이루어졌다.

선관 수행과 석굴

승려들은 수행을 위하여 인적이 드문 곳을 찾는다. 고대 우리나라의 승려들도 그랬다. 경주 남산 북쪽 기슭에는 불곡(佛谷) 감실과 탑곡(塔谷) 마애조상이 있다. 불곡에는 가부좌를 하고 선정인(참선하는 손 자세)을 한 존상이 있으며, 탑곡에는 두 그루 나무 아래에 승려가 좌선하고 있는 모습이 새겨져 있다. 석가모니 붓다가 번잡한 속세에서 벗어나 어떠한 방해도 받지 않는 곳에서 수행하였듯이, 신라의 승려들은 남산에서 수행하였을 것이다.

　　중국 승려들은 수행을 위하여 속세와 멀리 떨어진 곳에 석굴을 파기 시작하였다. 지금의 위치로 보면 중국의 석굴은 교통로와 대도시 주변에 조성된 듯 보인다. 하지만 당시의 상황을 상상하며 답사를 해보면, 석굴이 승려들의 수행에 결코 방해를 받지 않는 거리에 있었다는 것을 알게 된다. 배를 타고 들어올 만큼 외진 곳에 있는 병령사석굴

경주 남산 탑곡에 새겨진 승려의 좌선 모습 신라 7세기

도 승려의 수행처로서 처음 조성되었다. 실제 이곳에 도착해 보면 수행 외에는 할 수 있는 것이 전혀 없다는 것을 알게 된다.

외진 곳에서 수행하려는 의도는 이해되지만, 왜 이렇게까지 첩첩산중, 그것도 올라가기 힘든 곳에다 석굴을 만들었을까 하는 의문이 든다. 이 의문에 대해서는 고윤(高允)의 「녹원부(鹿苑賦)」에서 그 단서를 찾을 수 있다.[2]

선을 닦으려면 선굴을 파고 그 속에서 해야 하는데,
그러한 곳에 가기 위해서는 계단을 밟아야만 통할 수 있다.

이러한 분위기는 구마라집이 번역한 『선비요법경(禪秘要法經)』에서도 수행처로 조용한 토굴과 나무 아래가 적합하다는 언급, 담요(曇曜)

병령사석굴 169굴

의 『부법장인연전(付法藏因緣傳)』에 "산속 암벽의 빈틈이나 계곡 사이에서 좌선하여 찬바람도 견뎌 내는 인내를 감수해야 한다"라는 기록에서도 읽을 수 있다. 적어도 하서주랑의 석굴들은 대부분 초기에는 선관 수행에 조성 목적이 있었다.

승려들은 굴속이나 자연 속에서 조용히 앉아 어떤 대상을 정해 놓고 그것을 바라보면서 수행하였는데, 이를 '선관 수행'이라고 한다. 산을 바라보는 관산(觀山) 수행과 나무를 바라보는 관수(觀樹) 수행, 물을 바라보는 관수(觀水) 수행 등 선관 수행의 방법은 다양하다. 그러나 그 대상으로 가장 중요하게 여기는 것은 당연히 불상으로서, 그것을 '관불(觀佛) 수행'이라고 한다. 관불 수행이 얼마나 중요했던지 『관불삼매해경(觀佛三昧海經)』이라는 경전이 별도로 찬술될 정도였다.

169굴의 불상과 불화

병령사석굴에 들어서면 가장 먼저 눈에 들어오는 것이 당나라 803년에 조성된 171굴의 대불이다. 대불 옆으로 나 있는 긴 계단을 따라 올라가면 169굴에 이른다. 인도와 중앙아시아의 석굴 구조에 익숙한 경우, 169굴을 처음 보는 순간 자연굴에 가까운 그 모습에 놀라지 않을 수 없다. 굴속 정면에 불탑이나 불상은 당연히 없으며, 들쑥날쑥한 벽면에 적당하게 배열한 불상과 불화를 볼 수 있을 뿐이다. 169굴은 마치 석가모니 붓다와 제자들이 더위와 비를 피해 찾아 들어갔던 최초의 자연 동굴을 연상하게 한다.

169굴에는 불전도와 천불도, 이불병좌상(二佛並坐像), 무량수불삼

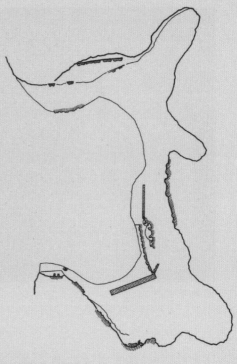

169굴 외부(좌), 평면도(우)
내부 모습(아래)

6감 불삼존상
사진의 오른쪽 상단에 불삼존상이 420년에 만들어졌음을 알려주는 명문이 보인다.

존상(無量壽佛三尊像), 석가모니불상, 화엄보살상과 월광보살상, 유마힐
상과 시자상, 미륵불상, 아육왕(아소카왕) 인연이야기 등 다양한 주제가
표현되어 있다.[3] 이들 대부분은 중국에서 최초로 등장하는 것들이다.
자세히 살펴보면 도상적으로 전혀 관계가 없는 불화와 불상들은 제각
기 다른 방향을 바라보고 있다. 하나의 계획 속에 석굴 전체를 어떻게
꾸며야겠다는 생각보다는, 그때그때 필요한 것들을 남는 공간에 그리
거나 만들었다고밖에 볼 수 없다. 경우에 따라서는 이미 있던 것을 지
우고 그 위에 다시 그리기도 하여, 전혀 관련 없는 것이 중첩된 경우도
있다. 덕분에 인도와 중앙아시아 석굴에서 봐 왔던 주된 주제와 그것
을 부각시키는 부수적인 주제들은 찾아볼 수가 없다.

　　석굴의 여러 주제 중에서도 6감의 불삼존상이 가장 먼저 눈길을

7감 불입상　　　　　　　　**금동불입상**
　　　　　　　　　　　　북위 5세기 후반, 뉴욕 메트로폴리탄미술관 소장

끈다. 서진의 420년에 만들어진 현존하는 최고의 석굴 조상이다.[4] 먹으로 쓴 기록에 의하면, 이들은 무량수불상과 대세지보살상(大勢至菩薩像), 관세음보살상이다. 광배의 화불(化佛, 작은 불상)에는 시방제불(十方諸佛)의 이름이 먹으로 각각 쓰여 있다. 시방이란 동방, 남방, 서방, 북방의 사방(四方)과 그 사이의 동남방, 서남방, 서북방, 동북방의 사유(四維), 상방, 하방을 말한다. 제불이란 여러 붓다라는 뜻으로, 우주 공간 어디에든 있는 붓다를 말한다. 이들의 이름은 『대방광불화엄경(大方廣佛華嚴經)』(이하 『화엄경』), 「여래명호품(如來名號品)」에서 확인된다. 그렇다면 불상과 보살상은 『관무량수경』, 광배의 화불은 『화엄경』과 관련된다. 이러한 현상은 169굴의 주제 간 연관성이 부족한 것처럼 불상의 성격에 대한 이해가 아직 부족한 초기 단계의 특징인 듯하다.

6감의 주존인 불좌상에서는 중앙아시아의 영향을 받았던 흔적이 남아 있다. 흰자위가 많이 노출된 위구르 족을 연상하게 하는 불상의 눈과, 법의를 장엄하고 있는 육각형 문양이 그것이다. 중앙아시아적 특징은 이 불상에서만이 아니라 그 옆의 7감 불입상에서도 보인다. 불상의 가슴 앞에서부터 다리까지 흘러내린 법의의 섬세한 표현은 중앙아시아의 소조불에서 많이 보이는 특징이다. 이는 도쿄국립박물관의 태평진군 4년(443)명 금동불입상과 뉴욕 메트로폴리탄미술관의 금동불입상과 같이 5세기 전반의 금동불과 운강석굴 20굴의 불상과 같은 석불에서도 확인된다.

7감 불입상 옆, 불상과 보살상의 그림도 눈여겨볼 만하다. 불상은 양쪽 어깨를 덮는 통견식으로 옷을 입고 중국 사람의 신체 비례를 한 반면, 보살상은 오른쪽 어깨를 드러낸 편단우견식으로 법의를 착용한 팔등신의 늘씬한 모습이다. 이 그림이야말로 중국적인 모습과 인도적인 것이 혼재된 중국 초기불교미술의 한 단면을 보여 주는 좋은 예라고 할 수 있다. 여기서도 아직 불교 도상에 대하여 정확하게 이해하지 못한 듯, 불상에서만 볼 수 있는 편단우견식 착의법을 보살상이 하고 있다.

일반적으로 옷은 양쪽 어깨를 덮는 형태로 입는다. 그렇다면 오른쪽 어깨를 노출한 편단우견식은 어떤 의미가 있는 것일까? 크게 두 가지로 생각해 볼 수 있다. 하나는 오른손의 놀림을 편하게 하기 위함, 다른 하나는 스승에 대한 존경을 표시하기 위함이다.[5] 그런데 유가의 상례는 아버지가 죽으면 왼쪽 어깨를, 어머니가 죽으면 오른쪽 어깨를 드러내며 상복을 입는다. 다시 말해 한 쪽 어깨를 드러내며 옷을 입는 것은 좋지 못한 일에나 하는 것인데, 당시 유가에서 편단우견의 착의법에 대한 논란이 없을 리 없었다. 유가와 불가 사이에 일어났던 대표

169굴 불상과 보살상
불상이 양쪽 어깨를 모두 덮는 통견식으로 착의를 한 반면, 보살상은 오른쪽 어깨를 드러낸
편단우견식의 모습을 하고 있다. 그 옆으로 예불하는 사람의 행렬이 보인다.

장천 1호분 예불행렬도

적인 논쟁도 사문단복론이다.[6] 사문이란 승려를, 단복이란 한쪽 어깨를 드러내며 옷을 입는 것을 말한다. 오른쪽 어깨가 드러난 인도와 중앙아시아에서 온 승려들의 모습에 맨 처음 중국 사람들은 매우 황당해했을 것이다.

불상 옆에는 승려를 필두로 예불하는 사람들의 행렬이 보인다. 고구려 5세기 전반에 조성된 장천(長川) 1호분의 예불행렬도와 비슷하다. 7등신의 승려상과 4등신의 공양여인상은 키가 큰 인도나 중앙아시아 승려의 주도하에 중국인 불교도들의 신앙 행위가 이루어졌음을 상상하게 한다.

한편 중앙아시아나 하서 지방의 초기 불교석굴을 둘러보면, 특이한 얼굴 표현법을 발견할 수 있다. 물론 169굴에도 보이는 일명 오백법(吾白法)이다. 이마와 양 볼, 콧등, 턱 등 얼굴의 다섯 곳을 하얗게 칠하여 입체감을 주는 표현법이다. 우리나라 조선 시대 불화에서 이마, 콧잔등, 뺨 등을 하얗게 표현한 삼백법(三白法)과도 비교된다.

서진 시대 420년의 기록 아래에는 2열의 공양인이 그려져 있고, "호국대선사 담마비(護國大禪師 曇摩毘)", "비구 도융(比丘 道融)", "비구 혜보(比丘 慧普)" 등의 승려와 안남(安南) 출신의 "요경자(姚慶子)", 광령(廣寧) 출신의 "형문(邢雯)", 천수 출신의 "양백희(梁伯熙)" 등 신도의 이름이 먹으로 쓰여 있다. 하지만 처음부터 169굴이 승려와 일반 신도들이 함께 조성한 것이라고 생각되지는 않는다. 대부분의 석굴이 그러하듯, 승려들의 수행처에서 출발했던 169굴이 점차 불상을 조성하고 불화를 그려 넣는 등 재가 신도들과 공유하는 신앙처로 바뀌었을 것이다.

여러 사람들의 이름 중에서 담마비가 눈길을 끈다. 담무비(曇無毘)로 추정되는 그는 천축(인도)에서 온 고승으로서 서진 왕 걸복치반의 극진한 예우를 받았다. 『고승전』「현고전(玄高傳)」에는 걸복치반이 이곳을 점령했을 때, 담무비가 무리를 이끌고 와서 선도(禪道)를 가르쳤는데, 현고(402~444)도 그의 가르침을 받았다는 기록이 있다. 169굴이 걸복치반의 재위 때 조성되었고, 「현고전」의 기록도 시기적으로 비슷하여 담마비가 담무비일 가능성은 매우 높다.

유마거사와
문수보살의 대담

169굴에는 중국에서는 처음으로 보이는 도상이 몇 개 있다. 그중 하나가 유마힐거사(Vimalakirti)와 문병 온 문수보살을 그린 유마경변상도다. 유마거사(유마힐거사)의 이야기는 대략 1세기부터 2세기 사이에 찬술된 『유마힐소설경(維摩詰所說經)』「문질품(問疾品)」에서 확인된다. 유마거사는 중인도 갠지스 강 유역의 상업 도시 바이샬리의 부호였다고 한다. 유마란 '깨끗한 이름(淨名)', '때묻지 않은 이름(無垢稱)'이라는 뜻으로, 그는 불교의 진수를 체득하고 청정한 행동을 실천하는 사람이었다.

유마거사는 병이 생겼다고 소문을 퍼뜨려 사람들이 문병을 오면, 이때를 놓치지 않고 설법을 하였다. 그 병은 다름 아닌 어리석음과 탐욕, 화 내는 마음에서 생길 수 있는 모든 사람들이 가진 병이었다. 석가모니 붓다도 유마거사의 문병을 위하여 가장 지혜로운 문수보살을 보낸다. 169굴의 유마경변상도는 바로 이 순간을 표현한 것이다.

169굴에서 주미(塵尾)를 들고 있는 유마거사상의 옆에는 '유마거사', 마주보는 위치에 있는 비슷한 크기의 존상에는 '시자상(侍者像)'이

169굴 유마경변상도
앉아 있는 유마거사와 그를 문병 온 문수보살이 보인다.

라는 글씨가 먹으로 쓰여 있다. 예전에는 유마거사와 그의 시종(侍者)이라고 보아, 도상이 조성되던 초기에는 단독의 유마거사상이 그려졌다고 여겼다.[7] 하지만 시자상과 유마거사상의 크기가 비슷하고, 시자상에도 두광(頭光)이 표현되었기 때문에, 유마거사의 시자가 아니라 석가모니 붓다의 시자인 문수보살이라고 해야 할 것 같다.

169굴 유마경변상도에 보이는 앉아 있는 유마거사와 서 있는 문수보살이 매우 이례적인 모습인 것은 사실이다. 물론 유마거사의 처소에 이제 막 문병 온 문수보살이라면, 현장감 넘치는 표현이라고 하지 않을 수 없다. 그러나 이후 조성된 유마경변상도에서 유마거사와 문수보살은 모두 서로 마주보며 앉은 자세로 표현되어 있으니, 형식만 놓고 본다면 정말 독특한 것은 분명하다.

유마거사와 문수보살은 어떤 대화를 나누었을까? 그들의 대화 내용은 주로 불이(不二)와 공(空) 사상에 관한 것이었다. 불이 사상은 깨달음과 번뇌, 붓다와 중생, 정토와 속세가 둘로 구별되지 않으며, 결국 그 구별을 뛰어넘는 것이야말로 진정한 깨달음이라고 강조한다. 그리고 그 깨달음은 모든 사람들이 이룰 수 있다고 한다. 이러한 점에서 이 경전은 대승불교경전을 대표한다고 볼 수 있다. 심볼 마크라고 할 수 있는 주미는 상대편에게 자신의 의사를 표명할 때 들어올리는 도구로, 동물의 털과 사슴 뼈로 만들었다.

『유마힐소설경』은 공 사상을 강조한 『반야경(般若經)』이 나온 직후에 찬술된 경전이다. 유마거사는 『반야경』의 공 사상을 체득하려고 수행하였다. 석가모니 붓다가 주인공인 대부분의 경전과 달리, 재가자인 유마거사가 주인공이라는 점에서 가장 대승불교적인 성격을 지녔다고 볼 수 있다. 출가자 중심의 형식적인 원시불교와 부파불교에 대한 비판으로 나타난 것이 재가 중심의 대승불교이기 때문에 대승불교의 초기 경전인 『유마힐소설경』의 주인공이 재가자인 유마거사인 것은 당연해 보인다.

　『유마힐소설경』은 양자강 주변의 남조(南朝)에서 먼저 유행한 것으로 추측된다. 유마거사를 주인공으로 하는 이 경전이 남조에서 유행한 것은 당시 한(漢) 문화의 중심이었던 남조의 철학적인 사조와 관련된다. 장언원(張彦遠)의 『역대명화기(歷代名畵記)』에는 남조에서 이 경전의 유행과 함께 유마거사상이 얼마나 많이 조성되었는지를 보여 주는 기록이 있다. 장언원은 동진의 화가 고개지(顧愷之)가 건강(建康)의 와관사(瓦官寺) 벽에 그린 병색이 짙고 야윈 모습의 유마거사상에 대하여 묘사하고 있다. 그런데 흥미로운 것은 북조의 영역이었던 169굴에서 현존하는 최고의 유마경변상도가 확인된다는 점이다. 169굴의 유마거사상이 고개지가 그린 야윈 모습과 다소 거리가 있는 것도 주목된다.

169굴과
구마라집 번역의 경전

169굴에 그려지거나 조성된 불화와 불상은 주종의 구별이 분명하지 않은 것은 물론, 주제 사이의 연관성도 거의 없어 보인다. 그러나 적어도 서진 시대 5세기 전반에 조성된 주제들에는 하나의 공통점이 있는데, 당시 불교의 중심이었던 장안 지역에서 새롭게 번역된 경전들과 관련된다는 것이다.

　왜 장안에서 새롭게 번역된 경전의 내용이 이곳에서 보일까? 장안이 정치적으로 불안해지면서 그곳에서 활동하던 지맹(智猛), 담무갈(曇無竭), 담무비 등 많은 승려들이 걸복치반이 불교를 후원한다는 소문을 듣고 서진으로 몰려오게 된다. 그의 재위 기간 중에 14부 21권의 경전이 번역되는 것도 다 이렇게 모여든 승려들에 의한 것이다. 우리들에게도 익숙한 『불국기(佛國記)』의 저자 법현(法顯)도 인도로 여행갈 때, 서진의 건귀국(乾歸國)에서 3개월간 하안거(夏安居)를 하였다. 특히 169굴에는 "법현"이라는 이름이 기록되어 있어 하안거의 실제 장소가 이 석굴이었을 가능성도 배제할 수 없다.

5세기 초, 장안 불교를 주도했던 구마라집은 직접 서진에 오지는 않았다. 하지만 그가 번역한 많은 경전의 내용이 169굴에서 그려지거나 조성되었다. 그가 406년에 번역한 『묘법연화경』의 이불병좌상과 『유마힐소설경』의 유마경변상도 등은 대표적인 예이며, 석가모니불, 약왕불(藥王佛), 미륵보살, 칠불, 시방불, 천불 등도 그가 번역한 경전과 관련된다.

『출삼장기집(出三藏記集)』과 『양고승전(梁高僧傳)』에는 구마라집에 대한 기록이 남아 있다.[9] 그는 343년경 쿠차에서 인도인 아버지와 쿠차국 공주 사이에서 태어나, 5세기에 장안에서 활동하였다고 한다. 그는 어릴 때 출가하여 아홉 살에 어머니를 따라 카슈미르에서 반두닷타로부터 소승불교를 배웠다. 열두 살에는 카슈가르에서 수리야소마로부터 대승불교를 사사했다. 쿠차로 돌아온 후에는 카슈미르 출신의 비마라차로부터 소승경전 『십송률(十誦律)』을 배웠다. 384년, 후량(後凉)의 여광(呂光)이 쿠차를 점령한 후 그의 포로가 되어 398년에 무위(武威)에 도착한다. 다시 후진의 요흥(姚興)이 401년에 구마라집을 장안으로 모셔왔으며, 413년에 입적한다. 그는 왕성한 번역을 통하여 중국 사람들에게 불교의 본의(本義)를 제대로 알리는 역할을 한다.

169굴 벽화 중 이불병좌상
구마라집이 장안에서 번역한 경전의 내용을 병령사석굴 169굴에서도 확인할 수 있다.

격의불교에서
본의불교로

중국에 처음 불교가 전래되었을 때, 중국 불교는 인도와 중앙아시아에서 온 승려들에 의해 주도되었다. 그런데 이들은 언어적인 문제로 경전을 잘못 번역하는 경우가 많았다. 적어도 인도어와 중앙아시아어, 중국어에 능통했던 구마라집의 번역이 나오기 전까지는 그러한 오류가 계속되었다.

구마라집의 번역이 나온 후, 중국 사람들은 경전의 내용에 대한 정확한 이해를 바탕으로 붓다의 가르침을 보다 깊이 이해할 수 있게 되었다. 그들이 조상 때부터 숭배해 왔던 신들과 같이 서쪽 지방에서 온 새로운 하나의 신으로만 여겼던 석가모니 붓다를 구체적으로 이해할 수 있게 된 것이다. 경전의 번역이 많아지면서 붓다의 가르침을 제대로 이해하는 사람들의 수도 점점 늘어나게 되었다. 그에 따라 유가와 도가의 입장에서 붓다의 가르침을 해석해야 했던 격의(格義)불교에서 벗어나 그 가르침을 제대로 이해하는 본의(本義)불교가 시작되었다.

격의불교와 본의불교를 간단하게 설명하면 이렇다. 불교가 처음 중국에 들어왔을 때는 이미 유가와 도가 사상이 사람들의 마음을 지배하고 있었다. 유가는 나라에 충성하고 부모에 효도하는 등 인간된 도리가 무엇인지를 가르쳤으며, 도가는 참된 삶이란 자연의 순리에 따르는 것임을 강조하였다. 그러나 불교는 출가하여 깨달음을 이루는 데 그 목적을 두고 있다. 예를 들어 결혼하여 자식을 낳고 조상에게 제사 올리는 것을 인간된 도리라고 생각하였던 유가와 달리, 불교는 출가하여 속세와의 인연을 끊고 결혼도 하지 않으며, 물론 자식도 낳지 않고 제사도 지내지 않는다. 유가와 도가 사상으로 무장된 중국에서 외래 종교인 불교가 살아남기 위해서는 중국 사회의 분위기에 맞춰 나가야만 했는데, 이를 격의불교라고 한다. 지금도 절에서 조상의 제사를 지내는데, 이 또한 격의불교의 모습이라고 할 수 있다. 이러한 단계를 지나 많은 사람들이 불교를 제대로 이해하기 시작하면서 유가와 도가의 눈치를 보지 않고 불교 본연의 모습을 드러낸 것이 본의불교다. 격의불교에서 본의불교로 바뀌어 나가는 데 있어 경전의 번역은 중요한 역할을 하였고, 그 중심에 구마라집이 있었던 것이다. 중국불교사에서 400년경을 하나의 전환점으로 보는 것은 그때가 구마라집이 활동하던 시기였기 때문이다.

맥적산석굴
133굴 10호 불비상과 169굴

키질석굴 38굴과 북위 황흥 5년(471)명 석조교각미륵불좌상은 닮아 있다. 그렇다면 혹시 병령사석굴 169굴과 비슷한 불상은 없을까? 169굴의 여러 주제들도 불비상에 집약되어 있는 불전도와 본생도 등을 연상하게 한다. 불비상(佛碑像)이란 유가와 도가에서 주로 사용되던 비석의 표면에 불상을 새긴 것을 말한다. 그러한 모습을 가장 잘 보여 주는 것이 북위 때에 조성된 맥적산석굴 133굴의 10호 불비상이다.[10] 이 불비상 정면에는 바미안석굴과 키질석굴, 둔황 막고굴 275굴에 보이는 교각미륵보살상이 있다. 보살상을 중심으로 『과거현재인과경(過去現在因果經)』의 연등불수기(燃燈佛授記)와 같은 본생도, 『유마힐소설경』의 유마경변상도,『묘법연화경』의 이불병좌상 등이 새겨져 있다.

불전도는『불본행집경(佛本行集經)』,『불소행찬(佛所行讚)』,『과거현재인과경』 등의 내용에 기초한다. 인도에서는 석가모니 붓다의 일생 중에서 가장 중요한 순간을 네 장면이나 여덟 장면으로 표현한 사상도(四相圖)와 팔상도(八相圖)가 유행하였다. 우리나라에도 예천 용문사나 법주사 팔상전(捌相殿) 등에 팔상도가 봉안되어 있다.

팔상도는 인도에 시원을 두고 있지만, 내용 구성은 중국이나 우리나라와 차이가 있다. 인도의 팔상 장면은 주로 깨달음을 이룬 후의 행적에 비중을 두고 있다. 하지만 중국과 우리나라에서는 출가하여 깨달음을 이루기까지의 과정에 초점이 맞추어져 있다. 인도에서는 불교 성립 초기에 다른 종교와의 대립과 갈등으로 인하여 붓다가 된 후에 보여주었던 기적들을 강조할 필요가 있었지만, 중국과 우리나라에서는 석가모니 붓다의 출가와 수행, 깨달음이 관심의 대상이 되었기 때문이다.

10호 불비상에 표현된 불전도에는 흰 코끼리가 몸속으로 들어왔던 마야부인의 태몽 승상입태(乘象入胎) 장면, 마야부인이 룸비니 동산에서 무우수(無憂樹) 나무 가지를 오른손으로 잡고 일어설 때 오른쪽 겨드랑이로부터 붓다가 탄생하였다는 수하탄생(樹下誕生) 장면, 갓 태어난 붓다를 하늘에서 아홉 마리 용이 물을 뿌려 씻어 주었다는 구룡관정(九龍灌頂) 장면, 출가하여 왼손으로 스스로 머리카락을 자르고 있는 출가단발(出家斷髮) 장면, 출가 후에 나무 아래에서 깨달음을 구하기 위하여 사유하고 있는 수하사유(樹下思惟) 장면, 드디어 마귀들의 방해를 물리치고 선정을 통하여 깨달음을 이룬다는 선정(禪定)과 항마(降魔) 장면, 사슴 두 마리로서 녹야원에서의 붓다의 첫 번째 설법을 표현한 녹야원설법(鹿野苑説法) 장면, 쿠시나가라의 사라수 아래에서의 열반 장면 등이 있다.

『묘법연화경』「견보탑품(見寶塔品)」의 내용을 배경으로 하는 이불병좌상은 석가모니 붓다의 영취산(靈鷲山) 설법과 관련된다. 즉, 과거세에 보정국(寶淨國)의 다보(多寶)여래는 『묘법연화경』을 설법하는 곳이면 어디든지 태어나기를 서원한다. 석가모니 붓다가 영취산에서 설법할 때, 다보탑과 함께 출현한다. 땅에서 솟구쳐 올라온 탑 속에서 붓다의 설법이 옳다는 말이 들린다. 제자들이 탑 속에 누가 있는지 궁금해 하자 붓다는 탑문을 열어 보인다. 이때 다보여래는 앉아 있던 자리의 반을 내어 석가모니 붓다가 옆에 앉기를 청한다. 「견보탑품」의 이야기는 보통 탑의 초층 탑신에 석가모니불과 다보불이 나란히 앉아 있는 모습으로 표현되거나, 탑은 생략한 채 불비상에서와 같이 불상 둘을 나란하게 배치하는 이불병좌상 형태로 조성된다.[11]

그런데 왜 맥적산석굴 133굴의 10호 불비상에서는 다른 배경을 가진 다양한 이야기를 한 공간 속에 표현하였을까? 이보다 늦게 조성된 불비상들은 대부분 한 공간에 하나의 주제를 표현하는데, 여기서는 매우 복잡한 양상을 보인다. 도상적인 관련성이 거의 없는 주제들을 같은 공간 속에 함께 표현하였다는 점은 병령사석굴 169굴과의 공통점이기도 하다. 경전이 막 번역되어 유행하던 시대상을 간주한다면, 두 예 모두 경전에 대한 구체적인 표현법이 정립되기 전에 나타나는 초기 불교 미술의 특징으로 봐도 괜찮을 듯 싶다.

1   杜斗城,「炳靈寺石窟與西秦佛教」,『敦煌學輯刊』, 8(1985), pp. 84-90.

2   董玉祥,『梵宮藝苑-甘肅石窟寺-』, 蘭州:甘肅教育出版社, 1999, p. 160 재인용.

3   董玉祥,「炳靈寺石窟第169窟內容總錄」,『敦煌學輯刊』10(1986), pp. 148-158;「炳靈寺石窟169窟」,『敦煌學輯刊』11(1987), pp. 126-131;常青,「炳靈寺塑像與壁畵題材考釋」,『漢唐與邊疆考古硏究』1(1994), pp. 111-130.

4   張寶璽,「建弘題記及其有關問題的考釋」,『敦煌硏究』, 1992-1, pp. 11-20.

5   『舍利佛問經』, T. 24, No. 1465, p. 901중.

6   『弘明集』卷5, T. 52, No. 2102, pp. 27중-33상.

7   賀世哲,「敦煌莫高窟壁畵中的維摩詰經變」,『敦煌硏究』1982-2, pp. 62-87.

8   『妙法蓮華經』卷24,「見寶塔品」第11, T. 9, No. 262, pp. 32중-33하.

9   『出三藏記集』卷14, T. 55, No. 2145, pp. 100-102;『梁高僧傳』卷2, T. 50, No. 2095, pp. 330-333.

10 何靜珍·張學榮,「麥積山第133窟10號造像碑內容辨析」,『1990敦煌學國際硏討會文集-石窟藝術 編-』, 沈陽:遼寧美術出版社, 1995, pp. 394-431; Dorothy C. Wong, *Chinese Steles:Pre-Buddhist and Buddhist Use of a Symbolic Form*, Honolulu:University of Hawai'i Press, 2004, pp. 127-130; Eugene Y. Wang, *Shaping the Lotus Sutra: Buddhist Visual Culture in Medieval China,* Seattle and London:University of Washington Press, 2005, pp. 49-52.

11 Eugene Y. Wang, *Shaping the Lotus Sutra: Buddhist Visual Culture in Medieval China*, pp. 13-23.

5

———

둔황 막고굴 285굴

불교, 도교를 만나다

몽 골

신장위구르 자치구

타클라마칸 사막   뭐부 호   막고굴
                                      ▲
                                    둔황   고비 사막

쿤   룬   산   맥

                              청해 호

청해성

둔황의 역사

과거 둔황(敦煌)은 중국에서 서방으로 나가는 가장 서쪽의 관문이자 인도와 중앙아시아에서 중국으로 들어올 때 거치는 첫 번째 도시였다. '크고 찬란하다'는 뜻의 둔황을 빈번하게 드나들던 승려들과 상인은 사라지고 이제 많은 관광객들이 그 자리를 대신 차지하고 있다. 둔황은 '둔황학'이라는 학문이 생길 정도로 주목을 받는다.[1] 하지만 100여 년 전까지만 하더라도 이곳은 문화재 약탈이 가장 심한 곳이었다. 당시 분위기는 둔황 막고굴에 살고 있던 '둔황을 팔아먹은 남자' 도사 왕원록(王圓籙, 1851~1931)과 오렐 슈타인의 에피소드를 통하여 알 수 있다.[2] 오렐 슈타인은 왕원록으로부터 막고굴 17굴 장경동(藏經洞, 불교 경전 등 많은 문헌들이 수장되어 있던 석굴)에 수많은 옛 자료가 있다는 이야기를 듣고, 끼고 있던 은반지와 일부 자료들을 교환한다. 둔황의 문화재가 세상에 공개되는 동시에 약탈되기 시작한 순간이었다. 이곳에서 발견된 혜초의 『왕오천축국전』도 폴 펠리오가 프랑스로 가져간 것이다. 장경동에서 반출된 문헌들은 현재 독일, 영국, 프랑스, 헝가리, 일본 등에 주로 소장되어 있고, 우리나라에도 일부 있다.

둔황 막고굴의 조성

타클라마칸 사막의 동쪽 끝자락에 위치한 교통의 요지 둔황에서 동남쪽으로 약 25km 떨어진 곳에 500여 개의 굴로 이루어진 막고굴이 조성되어 있다. 보통 석굴은 둔황 막고굴과 같이 도시로부터 약 18km에

둔황 막고굴은 4세기 후반에 승려 낙준(樂僔)과 법량(法良)이 선관 수행을 위하여 바람이 불면 모래가 운다는 명사산(鳴沙山) 동쪽 기슭에 석굴을 조성하면서부터 시작되었다.

서 25km 떨어진 곳에 있다. 이는 탁발하며 수행했던 승려들의 생활방식과 관련된다. 손수 농사를 지으며 수행하였던 선농(禪農) 수행이 시작되면서 세 끼를 먹기 전, 승려들은 1일 1식을 원칙으로 하였다. 중국 선종의 9조(祖)인 백장회해(百丈懷海, 749~814)는 "하루라도 일하지 않으면 먹지 말아야 한다(一日不作, 一日不食)"고 하여 선종 승려의 노동을 강조하였다. 막고굴이 처음 조성될 무렵, 승려들은 매일 한 끼의 공양을 위하여 걸어서 탁발하고 석굴로 돌아와야 했다. 석굴이 도시로부터 떨어져 있는 이 정도의 거리는 하루 동안 왕복할 수 있었던 가장 먼 거리였던 것이다.

　둔황 주위에는 막고굴 외에도 여러 석굴이 있지만, 막고굴은 규모
와 수준 면에서 단연 최고다. 파괴된 적도 거의 없어서 중국 고대의 건
축과 조각, 회화 등 모든 분야에 걸쳐 연구가 가능할 정도로 풍부한 자
료가 남아 있다. 그러나 막고굴 중에서 조성 시기나 목적을 알 수 있는
석굴은 몇 개 되지 않는다. 그중 대표적인 굴이 249굴과 285굴이다.[3]
참고로 석굴의 번호는 막고굴 조사보고서에 따라 다르며, 일반적으로
통용되는 번호는 둔황연구원에서 정한 것이다.

동양왕 원영과 285굴

막고굴 249굴과 285굴은 서위 때인 538년경에 같은 사람이 조성한 것
으로 추정된다. 굴 속 북쪽 벽에 석굴 조성의 후원자로 보이는 활(滑)
씨와 음(陰)씨의 공양인이 그려져 있고, 먹으로 쓴 서위 538년의 기록
이 남아 있다. 같은 벽면에 있는 과거칠불의 조상기에는 또 다른 공양
인과 승려의 이름이 있다. 이렇게 여러 사람의 이름이 있지만 이 석굴
은 북위의 종실로 서위 525년부터 542년까지 과주[瓜州, 안서(安西)]와 사
주(沙州, 둔황)의 자사(刺史)를 지낸 바 있는 동양왕(東陽王) 원영(元榮)과 관
련된다고 보는 것이 일반적이다. 이는 698년 당나라의 이회양(李懷讓)
이 쓴 「중수막고굴불감비(重修莫高窟佛龕碑)」에 근거한다. 이 비문은 둔
황 막고굴의 역사를 가장 구체적으로 기록한 것으로 평가를 받는데,
"낙준과 법량 두 분의 선사가 석굴을 개착한 후, 다시 자사 건평공과
동양왕이 각각 대굴을 조성하였다"는 언급이 눈에 띈다. 여기서 동양

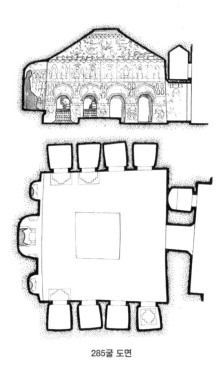

285굴 도면

왕이 조성한 대굴은 어느 굴일까? 대굴이면서 수준이 높고, 그의 통치기에 조성되었던 점 등 여러 가지 면에서 일치되는 285굴이 바로 그 굴일 것으로 생각된다.

285굴 주존과 미륵불상

285굴은 막고굴에서 차이티야식과 비하라식이 결합된 보기 드문 석굴이다. 석굴 정벽에는 불탑을 대신하여 불상이, 좌우 벽엔 승려들이 개인적으로 들어가 수행할 수 있는 선굴이 4개씩 있다. 마치 인도의

285굴 정벽

엘로라(Ellora)석굴 12굴 등에서나 볼 수 있는 이러한 형식의 석굴은 이후 조성되는 막고굴이나 중국의 다른 석굴에서는 거의 찾아볼 수가 없다. 석굴 정벽에는 의좌식의 미륵불상을 봉안한 감실과 그 좌우에 선정한 모습의 승려상이 있는 감실이 각각 있다.[4] 승려상을 감실 속에 봉안한 것도 막고굴에서는 유일하다.

감실 속의 선정하고 있는 승려상을 보면 우리나라 경주 남산의 불곡 마애상이 연상된다. 7세기 중반 신라에서 조성된 마애상은, 왕경이었던 경주로부터 어느 정도 벗어난 남산 북쪽 기슭에서 어떠한 방해도 받지 않고 수행에 전념하였던 신라의 승려를 보는 듯하다. 285굴도 정벽의 승려상과 양쪽의 선굴들을 통하여 짐작할 수 있듯이 승려들의 수행과 밀접한 관련이 있다.

정벽의 불상은 비록 명문은 없지만, 앉아 있는 자세로 보아 전형적

경주 남산 불곡 마애상 신라 7세기

285굴 정벽 남쪽 감실

285굴 측벽의 감실

인 미륵불상이다. 285굴이 승려들이 수행하던 곳이라면, 이 미륵불과 승려들의 수행과는 어떤 관련이 있을까? 앞서 키질석굴 38굴에서 수행하던 승려들의 궁극적인 목표가 도솔천의 미륵보살을 만나는 것임을 보았다. 285굴 주존도 미륵보살이 아니라 미륵불이지만 같은 관념 속에서 조성되었을 것으로 추정된다.

한화된 불상들

이 석굴이 동양왕 원영과 관련되었을 또 하나의 가능성은 주존 불상과 벽면의 보살상에 보이는 포의박대(褒衣博帶)식 착의법이다.[5] 포의박대란 몸에 비해 헐렁한 옷과 널따란 띠를 말한다. 서위의 왕족들은 한족의 문화를 답습하고자 하였다. 이를 정책적으로 추진하기도 했는데, 이것이 바로 한화(漢化)정책이다. 이 과정에서 불상에 나타난 것이 포의박대식 착의법과, 약간은 야윈 듯하지만 맑아 보이는 수골청상(秀骨淸像)형 모습이다. 그런데 285굴의 한화된 존상들은 어딘지 모르게 상당히 패턴화되어 있는 듯하다. 사실 한화정책은 이미 5세기 후반 북위 때부터 시작되어 285굴이 조성되던 6세기 전반에 이르면, 매너리즘화되는 경향이 나타나기 때문이다. 어떤 학자들은 285굴에 보이는 가늘고 긴 신체

285굴 좌벽의 보살상
한화된 모습이 보인다.

비례가 인도와 중앙아시아의 영향을 받았다고 주장하지만, 한화된 수골청상의 대표적인 예라고 보는 것이 더 타당하다.

인도의 신과 중국의 신

사실 285굴이 한화되긴 하였지만, 석굴 정벽엔 인도의 영향을 엿볼 수 있는 여섯 존의 인도신들이 그려져 있다.[6] 이들 존상에 대해서는 여러 가지 설이 있지만, 가루라(금시조)를 타고 있는 평화의 신 비슈누와 소를 타고 있는 파괴의 신 시바(Durga), 시바와 우마(Uma)의 아들인 가네샤(Ganesa), 가네샤와 형제이면서 어린 아이 모습을 한 구마라천(鳩摩羅天), 브라흐만교의 만물 창조의 신 마혜수라천(摩醯首羅天), 범천(Brahma), 제석천(Indra) 등으로 본다.[7] 보는 관점에 따라 여러 가지 설이 있고 많은 사람들이 관심을 가지고 있지만, 나는 이들 신이 285굴의 전체적인 성격을 좌우할 만큼 중요하다고 생각하지는 않는다. 이들 신 중에서 분명하게 알 수 있는 것은 중앙 감실 우측의 4개의 흰색 팔과 2개의 검은색 팔을 가진 비슈누와 감실 좌측의 시바와 코끼리 머리의 가네샤다.

　　인도 신들 위쪽에는 세 마리의 봉황이 수레를 끌고 하늘을 날고 있는 모습과 사자로 보이는 세 마리의 동물이 수레를 끌고 가는 모습이 마주하고 있다. 이들은 월천(月天)과 일천(日天)으로 추정된다.[8] 수레를 끌고 가는 모습에서 바미얀 동대불 천장의 태양신이 연상되지만, 봉황이 끄는 수레는 고대 중국에서 서왕모(西王母)가 타던 것이다.

285굴에 그려진 여러 도상

285굴 정벽에 그려진 인도신들

오른쪽 그림에서 검은 몸의 비슈누와 그 아래 코끼리 머리를 한 가네샤를 볼 수 있다.

오백강도 성불과
사미 자살 이야기

적어도 정토에 대한 관심이 생기기 전까지 석굴에는 대부분 붓다의 전기와 관련되는 불전도가 그려졌다. 285굴 남벽에 있는 4개의 선굴 사이에도 오백 명의 강도가 붓다에게 교화되어 승려가 되었다는 이야기, 계를 지키기 위하여 승려가 자살한다는 이야기 등이 그려져 있다.

일명 득안림(得眼林) 이야기로 알려진 『대반열반경』 「범행품(梵行品)」의 오백강도 성불에 대한 이야기는 대략 이렇다. 오백 명의 굶주린 백성이 강도로 변하여 난을 일으킨다. 관군과 싸워서 포로가 되고 눈알이 뽑히는 벌을 받고서 추방을 당한다. 이들은 석가모니 붓다를 찾아가 다시 광명을 찾고 출가하여 깨달음을 이룬다. 현재 사위성 가까이에 있는 '득안림'이라는 숲은 이들 500명이 광명을 찾아 앞이 보이자 짚고 다니던 지팡이를 던져 자란 나무들로 만들어진 것이다.[9] 그림에 보이는 다섯 사람은 500명을 나타낸다.

한편, 막 출가한 승려인 사미가 계율을 지키지 못하여 자살한다는 이야기는 「사미수계자살품(沙彌守戒自殺品)」에 나온다. 한 사미가 스승의 공양을 탁발하기 위하여 부잣집에 심부름을 갔는데, 그 집 딸이 자신을 유혹하자 계율을 지키기 위하여 자살한다는 이야기다. 계율을 지키기 위하여 자살마저 불사하였던 것이다.

왜 이러한 내용이 선택되고 그려졌을까? 285굴 속에서 선정 수행하는 승려들에게 이러한 이야기는 어떤 메시지로 다가왔을까? 이는 출가한 승려들이 깨달음을 이루기 위해서는 얼마나 철저히 수행 정진해야 했는지를 말해 준다.

285굴 남벽의 오백강도성불 이야기
왼쪽부터 시간 순서대로 전개된다.

5명으로 표현된 500명의 강도가 석가모니 붓다를 찾아와
제자가 되기를 청하고, 제가가 되어 스님의 모습을 하고 있다.

둔황 막고굴의 불전이야기들은 이시동도법(異時同圖法)이나 연환식(連環式)으로 표현된다. 이시동도법은 다른 시제를 같은 화면에 표현하는 것을 말하는데, 한 화면 속에 주인공이 여러 번 등장하는 것이 특징이다. 오백강도성불의 장면에서 다섯 명의 사람이 여러 번 표현된 것이 이러한 경우다. 연환식은 영화 필름처럼 한 장면, 한 장면씩 배열한 것으로, 보통 화면의 오른쪽에서 시작되어 왼쪽으로 이야기가 전개된 다음, 다시 왼쪽 아래에서 오른쪽으로 지그재그 방식으로 이어진다.

과거칠불

커다란 구도 속에 무량수불의 설법 장면과 14명의 남자 공양인, 13명의 여자 공양인으로 이루어진 남벽과 달리, 북벽에는 붓다의 설법 장면 7개가 있다. 이들 장면에는 각각 화기(畵記)가 있는데, 확인되는 존명으로는 문수사리(文殊舍利)보살, 대세지보살, 무량수불, 관음보살, 무진의(無盡意)보살 등이다. 일반적으로 7존의 불상이 있다면, 대부분 과거칠불(過去七佛)로 본다. 과거칠불은 일곱 번째로 석가모니 붓다가 인간 세상에 오기 전에 이미 여섯 분의 붓다가 이 세상에 다녀갔다는 관념과 연관된다. 거기에 이미 석가모니 붓다도 인간 세상을 떠났기 때문에 지금의 시점으로 보면, 그 또한 과거의 붓다가 된다. 비바시불(毘婆尸佛), 시기불(尸棄佛), 비사부불(毘舍浮佛), 구류손불(拘留孫佛), 구나함모니불(拘那含牟尼佛), 가섭불(迦葉佛), 석가모니불, 이렇게 일곱을 과거칠불이라 한다.

다만, 285굴 북벽의 불상 중에는 과거칠불과는 관련이 없는 '무량

구나함모니불
과거칠불 중 하나다.

수불'이라는 화기가 2개나 있기 때문에 이들 붓다의 설법 장면이 과거
칠불과 연관되는지에 대해서는 의문스러운 점이 남아 있다. 우리가 흔
히 알고 있는 과거칠불과는 맞지 않지만, 석굴 조성 당시에 과거칠불
의 관념이 어떠했는지는 알 수 없기 때문에 과거칠불이 아니라고 부
정할 이유도 없다. 북벽에 그려진 불설법도가 과거칠불과 관련된다면,
이 역시 승려들의 선정 수행과 연관된다. 『관불삼매해경』에서는 수행

죽림칠현 남경 서선교 무덤 출토, 80x240cm, 남경박물원 소장

하는 승려에게 있어서 과거칠불을 관상하는 것만큼 중요한 것이 없다
고 강조하기 때문이다.[10]

　　과거칠불 좌우의 협시상들은 가냘픈 몸에 헐렁하게 옷을 입고 있
다. 수골청상의 모습에 포의박대식으로 옷을 착용한 것이다. 이는 당
시 한족 스타일을 대표하는 남경(南京) 서선교(西善橋) 무덤 내부의 화상
석에 표현된 죽림칠현의 모습과 비교될 정도로 한화되었다. 한족 스타
일의 인물들 사이에 이따금 눈에 띄는 선비족 복장의 공양인들은 285
굴이 서위 황실과 밀접하게 관련된다는 것을 알려 준다.

　　석굴 속에 보이는 이불병좌상(『법화경』「견보탑품」), 오백강도성불 이
야기(『대반열반경』「범행품」), 무량수불설법도(『무량수경』) 등은 원영이 동양왕
에 봉해지던 529년부터 533년 사이에 부하들이 그를 위하여 필사한 10
여 종 2,200여 권의 경전과 관련되어 주목된다.[11] 한편, 북벽에 그려진
이불병좌상 아래의 공양인을 원영과 그의 처로 보는 견해도 있다.[12] 여
기에 있는 동양왕 원영의 발원문에는 매우 혼란했던 하서 지방을 붓다

의 힘을 빌어 평정하려는 그의 의지가 나타난다. 석굴 남벽의 오백강도 성불 이야기가 당시 하서 지방의 혼란했던 사회상을 반영하는 것일지도 모른다.

승려들의 선정 수행

석굴 벽면은 레이스 문양의 띠로 천장과 구분하였다. 벽면에는 인간 세상의 모습이, 천장에는 천상의 세계가 표현되어 있다. 벽면이 끝나고 천장이 시작되는 곳에는 정벽의 감실 승려상과 같이 감실 속에서 수행하는 35명의 선정 승려상이 그려져 있다.[13] 마치 출가한 승려들이 각자의 방에서 수행 정진하고 있는 듯하다.

 승려가 되기 위해 출가한다는 것은 결국 자신의 깨달음을 이루기 위해 석가모니 붓다와 같이 머리를 깎고 속세와의 인연을 단절한다는

35명의 선정 승려상
석굴 벽면과 천장이 이어지는 부분에 그려졌다.

금동불좌상
33cm, 하버드대학 새클러박물관 소장

뜻이다. 승려들은 속세와 떨어진 산이나 절벽에 토굴을 파고 그 속에서 수행하였다. 보통 수행하는 승려상은 주로 두타대(頭陀袋, 혹은 두타의〔頭陀衣〕)와 정병을 갖고서 나무 아래 앉아 있는 모습으로 표현되는데, 북위 5세기 후반에 조성된 운강석굴 12굴 명창(굉창) 동·서벽의 수행하고 있는 선정 승려상이 대표적인 예다.

285굴의 이들 승려상에서는 수행의 정도가 높은 승려들에게나 보이는 양쪽 어깨 위에서 빛이 나오고 있다. 이러한 빛은 붓다의 전기에 자주 보이는, 몸에서 빛이 나왔다는 것과 관련된다. 실제로 불상 어깨 위의 빛이 표현된 예가 있는데, 미국 하버드대학 새클러박물관 소장의 금동불좌상이다. 대략 5세기경에 조성된 것으로 추정되는 이 불상의 양쪽 어깨에도 여러 갈래의 빛이 표현되어 있다.

285굴 승려상 사이에는 사슴과 멧돼지, 호랑이 등 여러 동물이 그려져 있다. 이러한 모습은『장아함경(長阿含經)』과『중아함경(中阿含經)』, 『선비요법경(禪秘要法經)』 등에 기록된 것과 같이 석가모니 붓다가 산속이나 나무 아래, 바위 위 등 조용한 곳을 찾아 동물들을 벗으로 삼아 수행하였다는 것과 관련된다.

복희와 여와, 태양과 달

불교가 중국에 전래되었을 때, 이미 중국에는 오래전부터 내려오던 전통사상이 존재하고 있었다. 전래 초기의 불교는 이러한 사상을 인정하지 않을 수 없었고, 때로는 함께 표현되기도 하였다. 중국 석굴 중에서 불교적인 주제와 전통사상이 함께 표현된 가장 좋은 예가 바로 285굴이다. 비록 285굴이 인도의 차이티야식과 비하라식 석굴이 결합된 구조라고 할지라도, 천장의 구조와 그곳을 장식하고 있는 주제는 둔황과 양주 주변에 산재되어 있는 오호십육국 시대의 무덤과 많이 닮았다. 석굴 천장의 경사진 네 면에는 동쪽의 청룡을 제외하고, 사신도(四神圖)가 그려져 있다. 서쪽의 백호, 남쪽의 주작, 북쪽의 현무가 그것이다. 중국 한나라 때, 천문학자들은 하늘을 둘러싸고 있는 성숙(星宿)을 4개의 궁(宮)으로 나누었고, 동궁에는 창룡(蒼龍), 서궁에는 백호, 남궁에는 주작, 북궁에는 현무가 있다고 믿었다.

동쪽 천장에는 마니보주(摩尼寶珠)를 중심으로 자(矩)를 들고 가슴

285굴 동쪽 천장

앞에는 태양 속의 삼족오(발이 세 개 달린 까마귀)가 그려진 중국 최초의 황제이자 바람의 신 복희(伏犧)와 컴퍼스를 들고 가슴 앞 달 속에 두꺼비가 표현된 여와(女媧)가 그려져 있다.[14] 'ㄱ'자 형태의 자를 가진 복희는 네모와 세모 등 각이 진 물건을, 컴퍼스를 가진 여와는 동그라미나 공과 같은 둥근 물건을 창조하였다고 한다. 중국 고대인들은 부부 혹은 오누이로 알려진 이들이 이 세상의 모든 것을 만들었다고 보았다. 주목할 것은 아잔타석굴과 바미얀석굴, 키질석굴 등에 보이는 태양신 수리야가 사라지고 삼족오가 그 자리를 대신하고 있다는 점이다.

후한 시대 장형(張衡)의 『영헌(靈憲)』에 태양은 양(陽)의 중심이고, 양이 쌓이면 3개의 발을 가진 새가 된다는 삼족오 관련 기록이 보인다. 또한 중국 고대 사람들은 태양 속에 3개의 발을 가진 까마귀가 있다고 여겼는데, 이는 태양 속 흑점에 대한 그들의 상상력에 기초하였거나 '3'이라는 숫자가 완벽한 수라는 관념, 혹은 다리가 3개라는 것이 남성의 상징으로서 태양에 양기가 충만하다는 것을 나타낸 것으로 보기도 한다. 이와 같이 중국 고대의 문헌에서 삼족오는 태양의 정령으로 묘사된다.

한편, 전한 시대 유안(劉安)의 『회남자(淮南子)』「남명훈(覽冥訓)」에는 달로 상징되는 두꺼비가 원래는 항아(嫦娥)였다고 기록하고 있다. 항아와 얽힌 이야기는 이렇다. 요(堯) 임금 때, 동쪽 바다 탕곡(湯谷)의 부상수(뽕나무)에 사는 10개의 태양 때문에 곡식과 초목이 타서 사람들은 먹을 것이 없었다. 이때 하늘의 명령을 받고 인간 세상에 내려온 예(羿)가 활을 쏘아 10개 중 9개의 태양을 떨어뜨려 재앙을 해결하였다.[15] 땅으로 떨어진 9개의 태양은 까마귀로 변했다고 한다. 지금 하늘에 태양이 하나밖에 없는 것은 예 덕분인 것이다. 그런데 예의 화살에 맞아 떨어진 9개의 해는 천제(天帝)인 제준(帝俊)과 희화(羲和)의 아들로서, 예는 천제의 노여움이 풀릴 때까지 하늘로 돌아갈 수 없었다.[16] 예는 서왕모부터 먹으면 죽지 않고 영원히 산다는 복숭아(혹은 불사약)를 얻었다. 그러나 그의 아내이자 원래 천녀였던 항아는 영생이 불가능한 인간으로 살아가야 한다는 것을 원망하여 예 몰래 복숭아를 훔쳐 먹고 월궁(달나라)으로 도망을 갔다. 항아는 죄를 받아 두꺼비로 변해, 아무리 잘라도 다

부상수
하남성 출토, 화상석, 138x53cm
후한 시대

이순신 장군 사당 현판 경상남도 남해

시 자라는 계수나무를 끊임없이 잘라야 하는 고통을 받게 되었다. 예는 항아가 떠난 후에 성격이 난폭해졌으며, 제자 봉몽(逢蒙)에게 복숭아 나무로 만든 몽둥이에 맞아 죽은 후, 귀신의 우두머리인 종포신(宗布神)이 된다. 중국과 우리나라에서 귀신을 쫓을 때, 복숭아나무 가지를 집안에 걸어 두거나 혼령을 모시는 제사상에 복숭아를 올리지 않는 것은 이러한 이유 때문이다. 『회남자』에 보이는 이러한 신화는 우리나라 무가(巫歌)인 초감제(初監祭)의 내용과 유사한 부분이 있다.

경상남도 남해에 있는 이순신 장군의 사당 현판에는 "보천욕일(補天浴日)"이라고 쓰여 있다. 여기서의 보천은 여와가 하늘을 수리한 연석보천(煉石補天) 신화, 욕일은 부상수에 살던 10개의 태양을 어머니 희화가 매일 아침에 씻어준다는 신화와 관련된다.

한편 서왕모는 서쪽의 쿤룬산(곤륜산)에 살고 있는데, 죽음과 형벌을 주관하기 때문에 항아에게 벌을 준 것이다. 고대의 계획 도시에서 사형장과 감옥이 서쪽에 배치되는 것도 형벌이나 죽음과 관련되는 서왕모 신앙과 관련될지 모른다.

285굴 서쪽 천장

상감청자운학문매병
42cm, 고려 12세기, 간송미술관 소장

『산해경』의 동물들

동쪽 천장에는 복희와 여와 외에도 『산해경』에 보이는 아홉 개의 사람 머리에 용의 몸을 가진 개명(開明), 사슴 머리에 당나귀의 몸을 하고 날개가 달린 팔을 가진 비렴[飛廉 혹은 蜚廉, 혼을 승천시키는 신수, 바람신, 풍백(風伯)]이 있다. 여기에 짐승 머리에 사람의 몸과 새의 발톱, 날개달린 팔을 가진 조획(鳥獲), 조획과 비슷한 모습의 벽전(霹電), 신령스러운 선학(仙鶴) 등으로 가득 채워져 있다.[17] 이들 존상은 『산해경』의 영향을 어느 정도 받았다고 생각되는 백제 금동대향로에서도 확인된다. 선학은 송대의 12세기 작품인 「선학도」와 고려 12세기에 만든 상감청자운학문매병에서도 확인된다. 선학은 죽은 사람들이 가고자 갈망했던 천상에 사는 새다. 불교 경전에서도 석가모니 붓다가 열반할 때 사라수(紗羅樹)가 학 모양으로 변하여, 열반처를 학림(鶴林)이라고 묘사하기도 한다.

남쪽 천장에는 동쪽 천장의 비렴, 개명, 조획 외에도 주작, 날개 달린 우인(羽人), 날아다니는 신선(飛仙)이 있다. 또한 용머리에 사람의 몸, 새의 발톱, 날개 달린 팔을 지니고 안개를 뿜어내는 계몽[計蒙, 구름신, 운사(雲師)]이 그려져 있다. 날개달린 사람은 선술(仙術)을 수련한 후 우인이 되어 승천한다는 도교의 우인 등선(登仙)신앙과도 관련된다. 서쪽 천장에는 남북으로 대칭되게 뇌신(雷神)이 그려져 있고, 북쪽 천장엔 비렴, 주작, 비선, 개명, 벽전 등이 있다.

이런 상들을 종합해 보았을 때, 285굴 천장의 주제는 『산해경』을 기초로 그린 산해경변상도라고 할 만하다. 이러한 모습은 같은 시기에 조성된 249굴에서도 확인되는데, 불교와 도교가 병존하는 듯한 인상을 주는 장안의 표현법과 달리, 이들 굴에서는 불교적인 분위기 속

285굴 천장 중앙의 드리개 장식과 도철

에 도교적인 내용을 끌어들이고 있다. 한편, 285굴 천장 중앙에 그려진 천개 네 모서리의 드리개 장식은 석굴 전체가 천막 안에 놓여 있다는 상상을 하게 한다. 윗부분이 천막 같은 것으로 덮여 있을 때, 그 공간을 신성한 곳으로 여기는 것은 중국 도가의 전통적인 관념과 연결된다.[18] 이러한 점에서 이들 석굴도 내부를 도가적인 신성한 장소로 꾸미려 했던 것은 아닐까?

천개의 네 모서리에는 서기전 239년에 여불위(呂不韋)가 쓴 『여씨춘추(呂氏春秋)』에 기록된, 머리만 있고 몸이 없는 도철(饕餮)이 표현되어 있다. 도철은 이미 서기전 11세기의 주나라 때 제작된 청동기의 중요한 모티프였다. 우리나라 고구려의 안악 3호분에서도 285굴과 비슷한 위치에 도철이 그려져 있어서 주목된다.

그런데 왜 승려들의 선정과 관련되는 285굴에서 불교적인 주제 외에 다양한 내용들이 표현되었을까? 불교 석굴의 천장을 어떻게 장식해야 할지 아직 몰랐던 것은 아닐까? 왜 정벽에만 인도의 신들을 그려 넣었을까? 벽면마다 제작 연대가 달랐거나, 공동 작업으로 인한 화가들의 유파가 달랐던 것은 아닐까? 아니면 서쪽 지방과 중원 지방의 중간 지대로서의 둔황이 지닌 지역적인 특색이 이러한 다양한 내용들을 표현하게 한 것은 아닐까? 석굴은 여전히 풀어야 할 많은 의문점들을 안고 있다.

1   馬德,『敦煌莫高窟史研究』,蘭州:甘肅教育出版社,1996, pp. 1-11.

2   Aurel M. Stein, *On Ancient Central-Asian Tracks*, London: Macmillan and Co.,
    1933.

3   宿白,「參觀敦煌莫高窟二八五窟札記」,『文物參考資料』, 1956-2, pp. 16-21.

4   須藤弘敏,「禪定比丘圖像與敦煌二八五窟」,『1987敦煌石窟研究國際討論會文集-石窟考古
    篇』(敦煌研究院 編,遼寧美術出版社, 1990), pp. 393-413.

5   阮榮春,「論"褒衣博帶"佛像的生産」,『東南文化』, 1992-3·4, pp. 141-142.

6   段文杰,「中西藝術的交匯点-莫高窟第二八五窟」,『1994敦煌學國際研討會文集-石窟藝術
    卷』(敦煌研究院 編,甘肅民族出版社, 2000), pp. 52-87.

7   張文玲,「敦煌莫高窟第二八五窟印度教圖像之初探」,『1994敦煌學國際研討會文集-石窟考
    古卷』, pp. 124-166.

8   李淞,「敦煌莫高窟第二四九窟頂圖像的新解釋」,『1994敦煌學國際研討會文集-石窟考古
    卷』, p. 104.

9   蔡偉堂,「敦煌莫高窟〈五百强盜成佛圖〉研究」,『段文傑敦煌研究五十年紀念文集』(敦煌研究
    院 編,北京:世界圖書出版公司, 1996), pp. 109-118.

10 須藤弘敏,「禪定比丘圖像與敦煌二八五窟」,『1987敦煌石窟研究國際討論會文集-石窟考古
    篇』, p. 404.

11 賀世哲,「敦煌莫高窟第285窟西壁內容考釋」,『1987敦煌石窟研究國際討論會文集-石窟考
    古篇』, pp. 375-377.

12 段文杰,「中西藝術的交匯点-莫高窟第二八五窟」, p. 53.

13 賀世哲,「敦煌莫高窟第285窟西壁內容考釋」, p. 353.

14 閔丙勳,「國立中央博物館藏 투르판出土 伏羲女媧圖攷」,『美術資料』61(1998), pp. 21-
    62.

15 어떤 문헌에서는 예가 아니라 후예(后羿)라고 기록하고 있으나, 후예는 하(夏)나라 때
    유궁국(有窮國)의 군주이며, 신성(神性)을 지닌 영웅이다. 이들 신화가 후대에 뒤섞여
    서 두 인물을 혼돈하기 쉽다.

16 태양을 쏘아 떨어뜨리는 신화는 시베리아 동부의 아무르강 유역과 우리나라, 중국 동
    부연안, 대만, 말레이 반도, 아메리카 서해안 등 태평양 연안에 걸쳐 확인된다. 예의 신
    화에서 떨어진 태양은 모두 까마귀였다고 한다.

17 285굴 천장의 도상을 삼황오제(三皇五帝)와 연관시키는 견해도 있다. 姜伯勤,「天的圖
    像與解釋-以敦煌莫高窟285窟窟頂圖像爲中心-」,『敦煌藝術宗教與禮樂文明』, 北京:中國
    社會科學出版社, 1996, pp. 55-76.

18 Shih-shan Susan Huang, *Picturing The True Form:Daoist Visual Culture in
    Traditional China*, Cambridge and London: Harvard University Press, 2012,
    p. 203.

6
—
둔황 막고굴 220굴

정토에 태어나다

송대 석굴에서 당대 석굴로

2000년 둔황 막고굴 국제학술대회가 개최되던 여름, 나를 늘 '한국 청년'이라고 부르던 둔황불교미술의 대가 로드릭 위트필드 교수를 따라 막고굴 몇 곳을 답사했다. 그중 가장 기억에 남는 곳이 220굴이다.

앞서 아잔타석굴 26굴과 막고굴 285굴에서 석가모니 붓다의 불전 이야기를, 키질석굴 38굴에서 본생이야기를 했다. 그런데 당나라 때가 되면, 이제 더 이상 불전이나 본생이야기는 찾아볼 수가 없다. 각 벽면에는 방위에 따라 그것에 맞는 정토변상도(淨土變相圖)가 채워지기 시작한다. 이러한 모습이 처음 나타난 곳이 바로 220굴이다.

석가모니 붓다의 전생이나 현생에 대한 이야기가 표현되다가, 곧바로 정토변상도가 그려지는 단계로 진행된 것은 아니다. 처음에는 석가모니 붓다와 직접 관련되는 본생도와 불전도가 그려지다가, 점차 경전에 대한 이해의 폭이 넓어지면서 석가모니불, 무량수불, 약사불 등 다양한 붓다의 설법도가 표현된다. 그러다가 220굴이 조성되던 당대가 되면, 설법하는 붓다만이 아니라 그 붓다가 계시는 정토의 모습까지 구체적으로 묘사되는 단계에 이른다.[1] 붓다의 설법도나 정토변상도의 경전적인 배경은 같지만, 둘 사이의 차이는 그것을 얼마나 구체적으로 표현하는지에 있다고 볼 수 있다. 정토변상도(淨土變相圖)

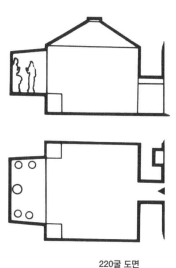

220굴 도면

220굴 서벽 적가굴 묵서

220굴 통로
송대 벽화를 제거한 상태

에서 말하는 '상(像)'이 조각이나 회화를 망라하는 가장 포괄적인 의미를 지닌 한자인 것도 이와 관계된다.

　　좀 더 구체적인 표현이 석굴에 나타남에 따라 이전에는 오로지 승려들의 수행에만 사용되던 석굴이 일반 불교신자 개인의 원찰(절)로 바뀌기도 했다. 막고굴 285굴에 많이 보이던 선정하는 승려의 모습이 사라진 것은 이처럼 석굴의 성격과 기능이 바뀌었기 때문이다. 막고굴 220굴은 완전한 형태의 정토변상도의 시작을 볼 수 있어, 새로운 석굴의 원류로 여겨진다.

220굴의 입구 오른쪽 벽에는 적씨(翟氏) 성의 공양인이 그려져 있으며, 그 옆에 당의 641년에 먹으로 쓴 기록이 있다.[2] 남벽에도 적봉달(翟奉達)의 이름이 적혀 있다. 당나라 벽화 위에 덧칠된 송나라 벽화라는 것을 알게 되는 1943년 전에는 이 굴을 적씨 가문의 석굴, 적가굴(翟家窟)이라고 하였다. 이 석굴이 당나라 때 조성되었다는 것은 입구의 묵서 외에 남벽과 북벽에 있는 당의 642년의 묵서명을 통해서도 알 수 있다.[3]

막고굴 220굴과 정토변상도

막고굴 220굴에서 이제 차이티야식이나 비하라식, 중심탑주식도 아닌 전형적인 중국식의 석굴을 만날 수 있다. 말(斗)을 엎어놓은 것 같은 복두식(覆斗式)의 천장과 정벽(서벽)에 불상을 봉안한 전당식(殿堂式) 불감을 갖춘 석굴로, 막고굴에서는 처음 보이는 모습이다.

불감 속의 소조상들은 따로 제작하여 봉안하였다. 소조상들은 불좌상을 중심으로 양측에 가섭상과 아난상, 보살상이 협시하고 있다. 이 중에서 중앙아시아 승려로 오해될 수 있는 가섭상을 제외하고는 모두 후대에 보수한 것이다. 감실 좌우(서벽의 좌우)의 문수보살도와 보현보살도는 석굴에서는 처음 보이는 그림이다. 이 그림은 이후 막고굴의 다른 굴에도 영향을 주어 지속적으로 그려지며, 안서(安西) 유림굴(楡林窟) 3굴에서도 나타난다.

좌측 벽면(남벽)에는 아미타정토변상도가, 반대편 우측에는 약사

220굴 정벽

정토변상도가 그려져 있다. 이들 정토변상도는 당시 사람들이 내세에 태어날 정토에 대하여 얼마나 많은 관심을 가지고 있었는지 단적으로 보여 주는 예다. 약사정토변상도는 수의 615년에 달마급다(達摩笈多)가 번역한 『약사여래본원경(藥師如來本願經)』에 기초한 그림이다. 7존의 여래와 8존의 접인보살(接引菩薩, 사람이 죽으면 그 영혼을 맞이해 가는 보살)을 중심으로 12약차(藥叉)가 양옆에 표현되어 있다. 수나라 때 조성된 막고굴에 보이던 약사불의 설법 장면과 달리, 약사유리광정토(藥師琉璃光淨土)의 아름다운 모습을 풍부한 상상력으로 그려 내고 있다. 약사정토변상도의 구도는 주로 약사여래가 주재하는 동방유리광정토가 있고, 그 양측에 각각 약사여래의 12대원(大願)과 9횡사(橫死) 장면이 그려진다. 중생을 병과 무명(無明)으로부터 구제하고 소원하는 바는 모두 얻게 하는 약사여래의 12가지 커다란 소원과 현실에서 당면할 수 있는 9가지 재난을 말한다. 아래쪽에는 24명 악사의 연주에 맞춰 무희가 호선무(胡旋舞)를 추고 있다. 동벽(전벽) 문 위에는 미륵불설법도를 중심으로 좌우

약사정토변상도

동벽 문 위의 미륵불설법도

아미타정토변상도
윗부분은 극락정토의 하늘, 중간은 보배로 장엄된 연못과 누각, 아랫부분은 보배로운 땅을 묘사하고 있다.

에 유마거사와 문수보살이 마주보면서 대담하는 장면이 있다.

아미타정토변상도는 극락정토의 하늘에 해당되는 윗부분, 보배로 장엄된 연못과 누각이 있는 중간 부분, 보배로운 땅을 묘사한 아랫부분으로 이루어져 있다.[4] 그 아래에는 16명으로 구성된 악사의 연주에 맞춰 무희가 호선무를 추고 있다. 호선무와 악사들의 모습은 중앙아시아 어느 지역의 춤과 음악 소리를 연상시킨다. 악사들은 키질석굴 38굴의 인물들과도 유사한데, 현장의 『대당서역기』에 의하면 중앙아시아의 여러 나라 중에서도 키질석굴에서 멀지 않는 쿠차의 음악이 가장 발달하였다고 한다. 당나라가 건국되고 궁정 음악이 만들어지는 과정에서 쿠차를 중심으로 하는 중앙아시아의 음악이 중요한 역할을 하였다.

아미타정토변상도의 내용적인 근거가 되는 『불설아미타경(佛說阿彌陀經)』에는 극락정토를 다음과 같이 기록하고 있다.

> 보배로 장엄된 일곱 개의 연못이 있고, 그 속에 핀 연꽃은 수레바퀴 정도의 크기로, 맑고 미묘한 향기가 난다. 연못 속에는 여덟 가지의 공덕을 갖춘 물〔팔공덕수(八功德水)〕로 가득 채워져 있는데, 바닥에는 금모래가 깔려 있다. 또한 연못 위에는 금과 은, 유리, 붉은 옥, 마노(瑪瑙) 등으로 장엄된 누각이 있다.

그런데 220굴 남벽에는 극락정토에 태어난 사람들이 공덕에 따라 아홉 개의 차등을 두고 태어난다는 구품왕생(九品往生)과 연관된 아홉 송이의 연꽃이 그려져 있다. 그렇다면 비록 내용적으로 약간 차이가 있으나 같은 배경 속에서 쓰인 『관무량수경(觀無量壽經)』과도 관련될 가능성을 배제할 수는 없다. 220굴에 보이는 구품왕생 장면은 7세기

구품왕생 부분
연꽃에서 태어나는 모습

용문석굴 고평군왕동

후반에 낙양 용문(龍門)석굴에서 찾을 수 있다. 지금은 그 모습을 상상
밖에 할 수 없지만, 측천무후의 조카 무중규(武重規)가 7세기 말에 조성
한 용문석굴 고평군왕동(高平郡王洞)은 구품왕생할 때 연꽃 속에서 태어
나는 모습을 가장 입체적이고 사실적으로 표현하였다.[5] 지금은 화생
장면을 연출했던 조각들은 사라지고 석굴 바닥엔 24개의 구멍만이 남
아 있지만, 세 벽면에 입체적으로 조각된 연꽃 위의 불상과 보살상만
으로도 원래의 모습을 상상하는 것은 어렵지 않다.

사실 고평군왕동에 보이는 절정기의 연화화생 장면은 7세기 후
반에 낙양 북시(北市)의 비단 장사꾼들이 만든 용문석굴 북시채백항정
토당(北市彩帛行淨土堂)에서도 보인다.[6] 고평군왕동과 비슷한 시기에 조
성된 서방정토변상감(西方淨土變相龕)도 당시 사람들이 아미타정토에 대
하여 얼마나 많은 관심을 가지고 있었는지를 보여 준다.[7] 비록 지금은
사라졌지만 『역대명화기(歷代名畫記)』에 보이는 장안과 낙양의 여러 절

약사정토변상도 중 호선무

벽면을 장엄하던 아미타정토변상도가 220굴 정토변상도를 포함한 이들 변상에 적지 않은 영향을 주었을 것이다.[8]

한편 지금까지 그 누구도 가 본 적이 없는 아미타불의 극락정토를 보다 화려하게 꾸미기 위하여 화가들은 당시에 가장 유행하면서 인기를 끌던 호선무를 그곳에 삽입시켜 놓았다. 이 춤이 얼마나 아름다웠는지는 당나라 시인 백거이(白居易, 772~846)의 「호선녀(胡旋女)」라는 시에서 알 수 있다.

호선녀야, 호선녀야,
마음은 비파소리를 따르고
손은 북소리를 따라 움직이는구나.

비파소리, 북소리가 하나가 되면, 날렵하게 양쪽 소매 올려 감으며,

바람에 눈이 구르듯 광야의 물이 흐트러지듯 춤추는구나.

좌로 돌고 우로 돌며 지칠 줄도 모르는구나.

천만번 돌면서도 그칠 줄도 모르는구나.

220굴에서 호선무를 추는 무희들을 보고 있으면, 이 시가 떠오르곤 한다. 호선무는 당나라의 공식 음악인 법곡(法曲)으로 차용될 정도로 유행했다. 백거이의 또다른 시「법곡」에 보이는 "예상(霓裳)"은 '예상우의(霓裳羽衣)'로, 『당서(唐書)』「예문지(藝文志)」에 기록된 현종의 꿈 이야기와 관련된다. 현종은 꿈에서 월궁을 거닐면서 춤추던 천녀를 보았으며, 그 춤을 호곡에 맞추어 추게 하였다고 한다. 이 기록은 호곡이 법곡으로, 호선무가 예상과 관련될 가능성을 높여 준다.

유마경변상도와 당 황실

병령사석굴 169굴에서 석굴 벽면 한쪽에 그려지던 유마거사와 문수보살의 대담 장면은 석굴 벽면의 작은 감실 양쪽에서 마주보는 모습으로 표현되기 시작한다. 이러한 모습은 당나라 때가 되면, 굴문 안쪽 좌우에 대칭으로 그려진다. 대표적인 예가 220굴이다. 그런데 이때가 되면,『유마힐소설경』「문질품(問疾品)」의 내용을 압축한 유마거사상과 문수보살상의 대담 장면에서 벗어나「방편품(方便品)」,「불사의품(不思議品)」,「관중생품(觀衆生品)」,「향적불품(香積佛品)」 등의 내용까지 망라하여 표현된다. 사실 220굴과 같이 거대한 화면 속에「문질품」,「제자품(弟子

169굴 문수보살상　　　　　　　169굴 유마거사상

品)」,「관중생품」,「향적불품」 등의 내용을 표현한 것은 이미 북위 말의
맥적산석굴 127굴에서 나타난다.[9]

　그런데 유마경변상도에서 무엇보다도 눈길을 끄는 것은 황제의
모습이다. 문수보살의 권속으로 등장하는 제왕의 모습이 그것인데, 당
나라 화가 염립본(閻立本)이 그렸다고 전해지는 「제왕도권(帝王圖卷)」의
제왕들과 많이 닮았다. 당의 황실이 이렇게 먼 곳까지 와서 석굴 조성
에 관여하였을까? 658년, 당 태종의 사위이자 남평공주의 남편인 유
현의(劉玄意)가 조성한 산동성(山東省) 제남시(濟南市) 신통사(神通寺) 불상
은 중원지방에서 멀리 떨어진 곳에서도 당 황실이 석굴 조성에 관여하

제왕도권 부분
비단에 채색, 보스톤미술관 소장

장회태자 무덤 벽화
당 706년

였다는 것을 알려 준다. 실제로 변상도의 안정된 구도와 대담한 표현법에서 장언원의 『역대명화기』「서경사관등화벽(西京寺觀等畵壁)」과 단성식(段成式)의 『사탑기(寺塔記)』에 보이는 천복사(薦福寺)와 안국사(安國寺) 등 장안의 많은 절에서 오도자(吳道子), 윤림(尹琳), 왕유(王維) 등이 붓을 휘둘러 그렸던 유마경변상도를 상상하게 만든다.

　　마주보고 있는 유마거사상의 권속들은 다양한 복장의 여러 피부색을 가진 사람들로 이루어졌는데, 국제도시 둔황과 장안, 낙양에 살고 있었을 외국인들의 모습이 떠오른다. 기록에 의하면 당시 당나라에 조공했던 주변 나라가 130여 개국에 달하였다고 하는데, 아마 조공국과의 교류를 통해 당나라에 들어와 있던 외국인들을 표현하였던 것 같다. 이러한 외국인 무리의 표현은 여러 유적에서 확인되는데, 711년에 조성된 측천무후의 둘째 아들 장회태자(章懷太子) 이현(李賢)의 무덤에 그려진 각국 사신의 모습이나 건릉(乾陵) 앞에 조성된 당나라의 조공국 사신들의 석상들은 대표적인 예다. 220굴 문수보살의 사자를 모는 사자노(獅子奴)도 피부색이 중국 사람과 다른 이방인으로 표현되어 있어, 당시 당나라에 얼마나 다양한 인종이 살고 있었는지를 짐작하게 한다.

중원 화풍과 변상도

정토세계의 뒷배경으로 왜 산이 나타나는지는 늘 궁금하다. 정토와 관련되는 경전에서는 그곳이 굴곡진 언덕이라곤 찾아볼 수 없는 매우 평탄한 땅으로 묘사되기 때문이다. 하지만 220굴에서는, 당의 중앙 화단에서 활동했던 이사훈(李思訓)의 청록산수화(靑綠山水畵)나 「명황행촉도(明皇行蜀圖)」를 연상하게 하는 산이 보인다.

한편, 220굴에서는 285굴의 가늘고 긴 신체 비례에 헐렁한 옷을 입고 있는 인물은 전혀 보이지 않는다. 이제 몸에 밀착된 법의 아래로 풍만한 신체를 그대로 느낄 수 있는 조중달(曹仲達)의 조의출수식(曹衣出水式) 표현법이나 옷자락이 자연스럽게 움직이는 오도자(吳道子)의 오대당풍식(吳帶當風式) 묘사법이 화면을 지배하기 시작한다. 조의출수란 조중달이 구사했던 얇은 옷을 입고 방금 물에서 나왔을 때, 옷이 몸에 밀착되어 신체의 윤곽선이 그대로 드러나는 사실적인 모습을 말한다. 오대당풍은 작은 바람에도 움직이듯 옷자락을 자연스럽게 표현하던 오

명황행촉도
비단에 채색, 56x81cm, 대만 고궁박물원 소장

도자의 화법을 말한다.

　220굴 정토변상도의 거대한 화면 속에 정토 세계를 구체적으로 표현한 것이나, 청녹색을 많이 사용하는 청록산수, 조중달의 조의출수, 오도자의 오대당풍과 같은 화풍이 나타나는 것은 장안과 낙양 등 중원 지방의 여러 절 벽면을 장엄하던 벽화의 유행과, 그것이 둔황 지방에 미쳤던 영향 관계 속에서 이해될 수 있다.

안서도호부 설치와
문화교류

623년, 당나라는 둔황을 점령했다. 640년에는 중앙아시아의 고창(高昌)까지 정벌하고 서주도호부(西州都護府)를 설치한다. 그해 9월, 교하성(交河城)에 안서도호부를 두었으며, 648년에 쿠차 왕국을 멸한 후 안서도호부(安西都護府)를 다시 이곳으로 옮긴다. 후기의 키질석굴에서 당나라 문화의 영향이 보이는 것은 안서도호부 설치에 따른 중원 문화의 유입 때문이었다.

　그런데 안서도호부가 설치되면서 중원 문화가 일방적으로 중앙아시아에 영향을 준 것만은 아니며, 중앙아시아에서도 장안과 낙양 등 중원지방에 적지 않은 영향을 주었다. 현재 장안과 낙양 주변에서 출토된 당삼채(唐三彩)에 중앙아시아와 관련된 요소들이 발견되고 있는 점이나, 호승(胡僧, 중앙아시아 승려)을 상상하게 하는 220굴의 가섭상과 호선무 등은 이러한 정황을 대변해 준다.

　또한 동아시아에서도 문화교류의 흔적을 찾을 수 있다. 220굴의

금동 판불
안압지 출토, 27cm, 통일신라 8세기 초

호류지 금당벽화 부분

정토변상도와 일본 호류지(法隆寺) 금당벽화는 지금은 사라져 기록으로
만 남아있는 장안과 낙양의 정토변상도를 짐작케 한다. 호류지 금당
은 쇼도쿠(聖德)태자에 의해 완성된 후 670년대와 1949년에 전소된 다
음, 다시 복원되었다. 호류지 금당 벽화는 중수된 시기로 보면, 당나라
의 직접적인 영향을 받았다기보다 신라의 영향으로 그려졌을 가능성
이 높다. 당시 일본은 신라를 통해야만 당나라 문화를 수입할 수 있었
기 때문이다. 솔거의 황룡사 소나무 그림처럼 신라 경주의 여러 절 벽
면에도 막고굴 220굴 정토변상도들과 같은 것이 그려졌으리라는 것은
상상하고도 남을 일이다.

1   당대 정토변상도의 기본적인 패턴이 막고굴 220굴에서 시작되었다고 볼 수 있다.

2   Ning Qiang, *Art, Religion and Politics in Medieval China: The Dunhuang Cave of the Zhai Family*, Honolulu: University of Hawai'i Press, 2004.

3   藤枝晃,「關于220窟改修的若干問題」,『1987敦煌石窟硏究國際討論會文集-石窟考古篇』, 遼寧美術出版社, 1990, pp. 67-84.

4   勝木言一郎,「敦煌莫高窟第二二0窟阿彌陀淨土變相圖考」,『佛敎藝術』, 202(1992. 5), pp. 67-92; Ning Qiang, "Percepection and Practice: A Functional Approach to the Western Paradise in Dunhuang Cave 220," *Localizing the Imaginary: Paradise Representations in East Asian Art*, Harvard University, 1995, pp. 8-9; 김혜원, 「둔황 막고굴 제220굴 〈서방정토변〉의 해석에 대한 재검토」,『미술사와 시각문화』 9(2010), pp. 28-53.

5   이 석굴이 고평군왕과 관련된다는 것은 석굴 속에 새겨진 "香山寺上座惠澄造像記"를 통하여 알 수 있다. 李玉昆,「龍門雜考」,『文物』, 1980-1, pp. 25-33.

6   常靑,「龍門石窟"北市綵帛行淨土堂"」,『文物』, 1991-8, pp. 66-73.

7   曾布川寬,「龍門石窟における唐代造像の硏究」,『東方學報』60(京都, 1988), pp. 325-326.

8   배진달(배재호),『당대불교조각』, 일지사, 2003, p. 113.

9   둔황 막고굴 유마경변상도에 대해서는 다음의 글이 있다. 金維諾,「壁畵維摩變的發展」, 『中國美術史論集』, 臺北: 明文書局, 1987, pp. 409-422.

7
——
운강석굴 18굴

살아 있는 붓다、황제를 만나다

운강석굴

북경

평성

산서성

황하

낙양

용문석굴 하남성

중 국

양 자 강

북위의 불교 정책

국립대만대학 옌젠잉(顏娟英) 선생을 처음 만났을 때가 1992년 6월 어느 날이었던 것으로 기억된다. 선생님은 나에게 한 주의 시간을 줄 테니, 미즈노 세이치(水野清一)와 나가히로 도시오(長廣敏雄)가 함께 쓴 『운강석굴(雲岡石窟)』을 모두 읽어 오라고 하였다. 이 책은 1951년부터 1956년에 걸쳐 쓴 방대한 내용을 담고 있는 여러 권이라 일주일 안에 읽을 수 있는 분량이 절대 아니었다. 하지만 그러한 주문을 한 것은 옌젠잉 선생이 하버드대학 유학 시절, 로젠필트 교수로부터 처음 받았던 과제가 그 책을 한 주 동안 읽는 것이었기 때문이라고 후일 이야기해 주었다. 그렇게 내가 중국조각사를 본격적으로 공부하면서 처음 읽었던 책이 운강석굴에 관한 것이었다.

중국에는 서쪽에서 동쪽으로 흐르는 2개의 큰 강이 있다. 황하와 양자강이다. 위쪽에서 흐르는 황하 주변에는 50여의 소수유목민족들이 살고 있다. 반면, 아래쪽의 양자강 주변은 한족의 무대였다. 불교 수용에 있어서 소수의 유목민들은 대부분 관대한 입장이었으나 유가와 도가 사상으로 무장된 한족들은 불교를 탐탁지 않게 생각하였다. 불교와 불교미술이 발전할 수 있었던 것도 이들 소수 민족들 덕분이다.

북위 황실은 나라를 세운 후 상당한 기간 동안 한자를 알지 못했다. 하지만 도가와 유가에 못지않게 어려운 교리를 지닌 불교를 적극적으로 후원하였고, 심지어는 중국을 대표하는 둔황 막고굴, 운강석굴, 용문석굴의 조성을 주도하기도 하였다. 북위는 이미 조성이 진행되고 있던 막고굴에 많은 수의 석굴을 다시 조성하였으며, 산서성 평성(대동)과 하남성 낙양으로 도읍을 옮길 때마다 운강석굴과 용문석굴을 새로

운강석굴 18굴

운강석굴 20굴

내몽고의 성락에 있던 북위는 398년에 남쪽으로 내려와 산서성 평성에 도읍한다. 그들은 황도(皇都)의 면모를 갖추기 위하여 여러 점령지의 사람들을 평성으로 강제 이주시킨다. 426년에 섬서성 장안의 2천가(家)를 옮겼으며 442년에는 둔황의 3만 호를 강제로 이주시켰다. 또한 451년에는 남조의 송에서 13만 명, 469년에는 산동성 사람들을 강제로 데려왔다.

개착하였다. 이러한 점에서 북위는 중국 불교와 불교미술의 초석을 다진 왕조라고 해도 지나치지 않을 것이다.

북위는 언제부터 불교를 접하였을까? 이는 북위가 평성으로 천도할 무렵으로 추정된다. 북위는 처음 북연(北燕)을 통하여 불교를 받아들이고, 점차 양주와 둔황을 점령하면서 자연스럽게 하서 지방의 석굴들을 보게 되었으며, 산동성(山東省)과 섬서성(陝西省) 장안에서는 많은 절들을 목격하였을 것이다. 운강석굴에서 둔황 막고굴의 영향을 엿볼 수 있는 것도 이러한 배경 때문이다.

북위는 불교를 적극적으로 후원하였다. 불교의 원류가 선비족의 조상들과 같이 서쪽 지방에 있다는 점에서 그다지 거부감이 없었으며, 왕조 체제를 유지하기 위해 불교와 같은 이데올로기가 필요하였기 때문이다. 북위의 황제들로부터 극진한 대우를 받았던 승려들은 납세와 노역, 군역을 면제받았을 뿐만 아니라 심지어 황제 위에 군림하려는 수준에까지 이르렀다. 이러한 분위기가 계속되자 도교와 유교는 점점 그 입지가 좁아지면서 위기감을 느끼게 되었고, 태무제(太武帝, 423~452)를 부추겨 불교를 억압하기에 이른다.

446년, 태무제는 유학자 최호(崔浩)와 도교 천사(天師) 구겸지(寇謙之)의 의견을 받아들여 호를 태평진군(太平眞君)이라 고치고, 도교의 이상군주를 자처하면서 불교를 탄압하기 시작한다. 이런 과정에서 불교를 옹호

태평진군 4년명 금동불입상
54cm, 443년.
도쿄국립박물관 소장

운강석굴 18굴

하려던 태무제의 아들 태자 황(晃)과 양주 출신의 승려 현고(玄高)가 죽임을 당한다. 하북성의 울신(菀申)이 동궁(東宮)태자인 황을 위하여 조성한 태평진군 4년명 금동불입상은 태자 황이 얼마나 불교를 후원하였는지 간접적으로 알려 준다. 중국 그 어느 왕조보다 적극적으로 불교를 후원하였던 북위 황실에서, 순식간에 상황이 바뀌어 6년 9개월 동안 불교를 향한 강력한 탄압은 계속되었다.[1]

문성제의 불교 후원과
담요의 운강석굴 조성

태자 황의 아들 문성제(文成帝)는 452년에 즉위하자마자 아버지와 같이 불교를 다시 적극적으로 후원한다. 같은 해, 문성제를 위하여 만든 등신대(等身大)의 석불에서 검은 점이 발견되었다. 놀랍게도 석불의 검은 점은 그의 몸에 있는 점과 모양 및 위치가 같아서 문성제를 더욱 고무시켰다. 454년, 그는 오급대사(五級大寺)에 태조 이하 다섯 황제(도무제, 명원제, 태무제, 경목제, 문성제)를 위하여 청동 25만 근으로 5존의 장육석가입상(丈六釋迦立像)을 조성한다.

　　문성제의 적극적인 후원에도 불구하고 폐불을 경험한 승려들은 더 이상 황제 위에 군림하려 들지는 않았다. 그들은 이제 불교가 황제에 의지하지 않으면 안 된다는 것을 인식하게 된다. 법과(法果)가 주창한 "황제는 지금의 여래"나[2] 454년에 다섯 존의 장육석가상을 조성한 것은 당시의 분위기를 대변해 준다.[3]

　　이러한 분위기는 당시 불교계의 수장 담요(曇曜)가 수도 평성에서

17굴의 보살상

서북쪽으로 16km 떨어진 무주산(武州山) 남쪽 기슭에 다섯 황제를 위하여 운강석굴을 개착하면서 가장 고조되었다. 담요 5굴로 불리는 이들 석굴은 460년경부터 465년경까지 조성되었다. 담요 5굴은 16굴(13.5m), 17굴(15.6m), 18굴(16m), 19굴(16.8m), 20굴(13.7m)이다.[4] 이들 석굴을 필두로 이후 운강석굴에는 45개의 큰 굴과 1,100여 개의 작은 굴, 51,000존의 불상이 조성되었다.[5]

담요 5굴

인도와 중앙아시아 석굴에 익숙하더라도 담요 5굴을 처음 본 사람들은 그 특별한 구조에 눈이 간다.[6] 석굴 입구의 크기와 거의 같거나 약간 큰 광창이 나 있고, 그곳을 통하여 거대한 불상의 상체가 보인다. 담요는 무엇을 보고 이러한 석굴을 만들었을까? 담요가 평성으로 오기 전에 북량의 수도 양주에 있었기 때문에 5굴의 모델이 그곳에 있었던 것인지도 모른다.

담요 5굴은 석굴에 비해 불상이 상당히 크기 때문에 석굴 속 예불 공간은 상대적으로 좁다. 넓지 않으면서 높은 내부 공간을 지닌 이러한 구조에서 광창이 없다면, 굴 안팎에서 불상의 상호를 보기는 불가능하다. 이들 광창은 그 전통이 인도에서 시작되었지만, 인도 석굴에 보이는 섬세하게 다듬은 반원형과는 달리, 대충 처리한 네모난 모습을 하고 있다.

담요 5굴 입면도

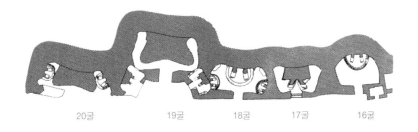

사문단복과
새로운 착의 형식

18굴에서는 제자상보다 보살상을, 보살상보다 불상을 크게 하여 계위를 분명하게 하였다. 특히 불상은 황제를 상징한 듯 더욱더 장중한 느낌을 준다.[7] 18굴의 불상은 왼손으로 옷자락을 잡고 있는데, 이러한 경우 오른손은 들어 올려 손바닥을 밖으로 내보이는 것이 일반적이다. 보통 이런 모습의 오른손은 '두려워하지 말라'라는 뜻의 시무외인(施無畏印)이지만, 왼손으로 옷자락을 잡고 있을 때에는 설법하는 수인으로 간주된다.

인도 쿠샨 시대의 간다라불상에서부터 보이는 이 수인은, 중국에서 2세기 말 3세기 초 사천성 낙산(樂山)의 마호(麻浩) 애묘(崖墓, 절벽을 파서 만든 무덤) 벽면에 부조된 불좌상에서 처음 나타난다. 18굴이 조성되던 5세기 후반에는 여러 예가 확인되는데, 이 중 태화(太和) 원년(477)명 금동불좌상이 그 하나다. 우리나라에서도 이러한 수인을 하고 있는 불상이 있다. 경주 남산 삼화령(三花嶺)에서 발견된 7세기 중

18굴의 불상

반 신라의 불의좌상과 7세기 말 전 황복사지(皇福寺址) 삼층석탑에서 발견된 금제여래입상이 그 예다.

운강석굴 18굴의 주존은 오른쪽 어깨를 완전히 드러내는 편단우견 형식과는 달리, 어깨 일부분을 법의로 살짝 가리고 있다. 이러한 착의법은 전에는 보이지 않던 것이다. 앞에서 보았듯이 오른쪽 어깨를 드러내며 법의를 착용하는 것은 원래 인도에서 스승에 대한 존경을 표시하는 방식이었지만, 중국에서는 부모님의 상을 당했을 때나 오른쪽 어깨를 드러내며 상복을 입었다. 아마 처음 인도 승려들이 이러한 행색으로 중국에 왔을 때 사람들은

태화 원년명 금동불좌상
40cm, 477년, 대만고궁박물원 소장

그것을 탐탁치 않게 생각하였을 것이다. 이를 두고 유학자 하무기(河無忌)와 승려 혜원(慧遠) 사이에 사문단복(沙門袒服)론에 대한 치열한 논쟁이 벌어지기까지 하였다.[8] 비록 혜원이 단복(한쪽 어깨를 드러내며 옷을 입는 것)이 출세간(出世間)의 일이라고 하여 논쟁은 끝이 났지만, 황제를 상징하는 불상을 편단우견 형식으로 만든다는 것은 여간 부담되는 일이 아닐 수 없었다. 그래서 착안한 것이 편단우견 형식은 취하되, 약간 변형을 주는 방식이었다. 굳이 이름을 붙이자면 '중국식 편단우견'이라 할 수 있는데, 북위 5세기 후반에 조성된 중국식 편단우견을 한 불상들은 모두 이러한 인식 속에서 조성된 것이다.

18굴 배치도

18굴 불상과
『부법장인연전』

18굴 주존의 수인과 착의법 만큼 눈길을 끄는 것이 법의 위에 빈틈없
이 새겨진 화불(化佛, 작은 불상)이다. 이는 이전에 볼 수 없던 새로운 불
상의 표현법으로 불신(佛身), 즉 붓다의 모습에 대한 관념이 그만큼 발
전하였다고 해석하는 것이 적당할 것이다. 학자들은 이것을 근거로 주
존을 『화엄경』의 노사나불로 보는 경우[9]도 있으나, 우주적 존재로서의
석가모니불일 가능성[10]이 더욱 크다. 쿠샨 시대 간다라불상과 태화 원
년명 금동불좌상이 같은 수인을 하고 있고, 특히 비슷한 시기에 조성

된 금동불좌상의 명문에서 석가모니불이라고 기록하기 때문이다.

　　18굴의 주존을 자세히 살펴보자. 불상 양옆엔 보살상이 서 있으며, 두 보살상 바깥으로 주존보다는 작은 불상이 각각 서 있다. 크기는 다르지만, 한 공간 속에 3존의 불상을 조성하였다는 것은 정황상 삼세불(三世佛)일 가능성이 있다.[11] 20굴과 19굴에서도 18굴과 같이 삼세불이 조성되었는데, 그 목적은 과거세와 현재세, 미래세의 어느 세상이든 시공을 초월한 붓다가 계신다는 것을 강조하기 위함이다. 협시보살상의 위쪽에는 전법조사(傳法祖師)로 보이는 상체만 드러낸 조사상이 10여 존 조각되어 있다. 이들 조사상은 472년에 담요가 길가야(吉迦夜)와 함께 찬술한 『부법장인연전(付法藏因緣傳)』과 관련될 가능성이 있다.[12]

　　그런데 왜 담요는 이 경전을 찬술하였을까? 도교나 유교와 달리, 불교는 외래 종교이기 때문에 위기 때마다 그 정통성에 대하여

18굴 주존 부분 옷 위로 작은 화불들이 보인다.

용문석굴 뇌고대 중동 조사상

의문이 제기되곤 하였다. 때문에 그는 불교의 법맥(法脈, 법장)이 인연
에 의해 인도로부터 북위까지 이어지고 있음을 알리기 위하여 이 책
을 찬술하였다. 이 책은 석가모니 붓다의 열반 후, 법맥이 어떻게 이
어지고 있는지를 구체적으로 서술하고 있다. 그런 이유로 불교의 정
통성이 문제될 때마다 이 경전이 새겨지곤 하였다. 수나라 589년에
조성된 안양(安陽)의 대주성굴(大住聖窟)에는 24존의 전법조사상(傳法祖

안양 대주성굴 전법조사상 부분　　　　　　용문석굴 뇌고대 중동 전법조사상 부분

師像)이, 성당 때의 용문석굴 뇌고대 중동(播鼓臺中洞)에는 25존의 전법
조사상이 있다. 특히 뇌고대 중동의 조사상 사이에는 『부법장인연
전』의 내용이 새겨져 있어서 이들 전법조사상이 이 경전과 밀접하게
관련되고 있다는 것을 증명해 준다.

　　담요의 불교관으로 짐작해 보면, 18굴 주존의 법의에 표현된 화
불은 시방삼세제불(十方三世諸佛)일 것이다. 시방, 즉 동남서북 사방과
그 사이의 사유(四維), 상방과 하방 등에 수많은 붓다가 존재한다는 것
을 나타낸 것이다. 18굴 주존은 불상의 몸에 삼계육도(三界六道)가 표현
된 서역 남로 벨라웨스트에서 출토된 6세기경 불화 잔편, 키질석굴 17
굴의 불화 등과 달리 오롯이 작은 불상들로만 채워진 것이 특징이다.

1   『魏書』卷114,「釋老志」, p. 3034.

2   『魏書』卷114,「釋老志」, p. 3031.

3   『魏書』卷114,「釋老志」, p. 3036; 鈴木啓造,「皇帝卽菩薩と皇帝卽如來について」,『佛教史學』10-1(1962), p. 3.

4   『魏書』卷114,「釋老志」, p. 3037.

5   水野淸一·長廣敏雄,『雲岡石窟』, 京都大學人文科學硏究所, 1951-1955; 宿白,「雲岡石窟分期試論」,『考古學報』1978-1, pp. 25-38.

6   이러한 구조적인 특징으로 인하여 雲岡模式이라고도 한다. 宿白,「平城實力的聚集和"雲岡模式"的形成和發展」,『中國石窟 雲岡石窟 一』(雲岡石窟文物保管所 編, 北京: 文物出版社, 1991), p. 180.

7   小森陽子,「雲岡石窟曇曜五窟論-第十八窟本尊定光佛說の提起-」,『佛敎藝術』266(2003), pp. 51-74.

8   『弘明集』卷5, T. 52, No.2102, pp. 27중-33상.

9   松本榮一,「華嚴敎主盧遮那佛圖」,『敦煌畫の硏究』, 東方文化學院 東京硏究所, 1937; 京都: 同朋舍, 1985, pp. 291-335, fig.77-80; 水野淸一,「いわゆる華嚴敎主盧遮那佛の立像について」,『東方學報』18(京都, 1950), pp. 128-137; 吉村怜,「盧舍那法界人中像の硏究」,『美術硏究』203(1959), pp. 235-269.

10   A.F. Howard, *The Imagery of the Cosmological Buddha*, Leiden, 1986, pp. 111-114; 宮治昭,『涅槃と彌勒の圖像學－インドから中央アジアへ』, 東京: 吉川弘文館, 1992, p. 330.

11   吉村怜,「曇曜五窟論」,『佛敎藝術』73(1969), pp. 12-27; Huntington, J. C., "The Iconography and Iconology of The 'Tan Yao' Caves at Yungang," *Oriental Art*, 32-1(1986), pp. 142-160.

12   『付法藏因緣傳』, T. 50, No. 2058, pp. 297-322.

8

—

운강석굴 9굴·10굴

황실 사원을 가다

쌍굴의 조성

문성제의 불교 후원으로 477년에 이르러 평성에는 백여 개의 사원과 2천여 명의 승려가, 전국적으로는 6,478개의 사원과 77,258명의 승려가 있을 정도였다고 한다.[1] 이 무렵, 운강석굴에서도 담요 5굴과 분명하게 구분되는 새로운 모습의 석굴이 출현한다. 7굴과 8굴, 9굴과 10굴, 5굴과 6굴, 11굴·12굴·13굴과 같은 쌍굴(대칭굴)이 그것이다. 1147년 금나라 조연(曹衍)이 찬한 「대금서경무주산중수대석굴사비(大金西京武州山重修大石窟寺碑)」를 통하여, 7굴과 8굴은 470년대에, 9굴과 10굴은 480년대에, 5굴과 6굴은 낙양 천도 직전인 490년경에 각각 조성되었을 것으로 추정할 수 있다.[2] 이들 석굴의 벽면은 담요 5굴과 달리, 주종을 구별할 수 없을 정도로 화려하게 장엄되어 있다. 석굴들은 대부분 북위 선비족의 문화라고는 찾아볼 수 없을 정도로 한화되어 있다.

운강석굴 9굴·10굴의 도면

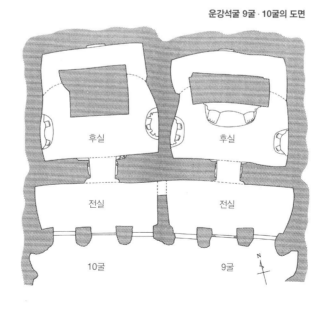

운강석굴 입구와 배치도
사진 왼쪽 부분에서 9굴과 10굴의 위치를 찾을 수 있다.

13 12 11 10 9 8 7 6 5

북위는 내몽고에서 남하하여 산서성 평성에 도읍하였다. 그리고 곧 다양한 문제에 직면한다. 그중에서도 소수의 선비족이 강제 이주된 대다수의 한족을 지배해야 하는 어려움이 있었다. 말은 있었지만 글은 없었던 선비족에게 국가 체제를 운영할 수준 높은 문화가 요구되었다. 그들은 결국 한문과 한족 문화를 수용하지 않을 수 없어서 한화정책을 추진하게 된다.

이 정책을 적극적으로 추진했던 사람은 477년에 즉위한 효문제(孝文帝, 471~499)와 그의 할머니이자 문성제의 비 문명태황태후(文明太皇太后) 풍씨(馮氏)다. 효문제는 할머니 풍씨가 한족이고, 어머니 또한 한족이기 때문에 선비족보다 한족에 가까운 혈통으로, 특별히 한족 문화를 선호하였던 것 같다.[3] 쌍굴이라는 형식의 석굴이 조성되는 것도 효문제와 풍씨가 집권하면서 한화정책과 함께 불교를 적극적으로 후원하면서 나타난 것이다.[4] 『위서(魏書)』 「석노지(釋老志)」에는 477년 3월 효문제가 평성의 영령사(永寧寺)에서 거행한 법회에 참석하여 경전을 독송하고, 승려들과 담론하였다고 기록되어 있다. 또한 『고승전(高僧傳)』 「승연전(僧淵傳)」에는 그가 열반, 법화, 유마 사상을 특히 중요하게 여겼다는 내용이 있다. 쌍굴에서 『묘법연화경』의 이불병좌상과 『유마힐소설경』의 유마경변상 장면이 많은 것도 효문제의 불교 사상과 관련되었을 가능성이 높다. 한편 9굴과 10굴에서 인도나 중앙아시아에서 볼 수 있는 윗부분이 뾰족한 첨공형 불감이 아니라 한옥 형태가 나타나는 것도 한화정책과 연관된다.

효문제와 풍씨의 총애를 받았던 환관 왕우(王遇)가 평성의 건축을 주관하였는데, 이들 석굴도 그와 관련되었을 가능성이 크다. 도선(道宣)의 『대당내전록(大唐內典錄)』에는 북위 때부터 세금을 거두어 석감(石

9굴 한옥의 모습
여기서 한옥은 나무와 벽돌을 이용한 한족의 가옥 형태를 말한다.

9굴 전실 천장

龕, 석굴)을 만들었다는 기록이 있어서 운강석굴이 황실의 후원과 관련된다는 것을 추측하게 한다.

운강석굴 조성을 두 단계로 나누었을 때, 황제(당금여래)를 위하여 불교계가 조성한 담요 5굴이 첫 번째 단계에 속하고, 9굴과 10굴과 같이 황제가 돌아가신 부모를 위하여 쌍이나 대칭으로 석굴을 만드는 것은 두 번째 단계에 해당된다. 첫 번째 단계가 국가적·정치적 목적과 관련된다면, 두 번째 단계는 개인적인 불교 신앙과 연관된다.

9굴과 10굴의 조성

운강석굴 9굴과 10굴이 한화되었다는 것은 전실과 후실로 이루어진 석굴 평면이 중국 고대의 무덤 구조와 많이 닮은 것에서도 알 수 있다.[5] 굴문 옆에는 금강역사상이 조각되어 있으며, 두 굴 사이에는 원래 비명(碑銘)이 새겨져 있었던 것으로 보인다. 전실 입구에는 인도 석굴에서 많이 보던 기둥 두 개가 각각 세워져 있다. 또한 서양의 아틀라스상을 대신하여 동양의 주유상(侏儒像)이 전실 천장을 떠받치고 있다. 후실로 연결되는 굴문 위에는 담요 5굴과 같이 명창이 나 있다.

비록 석굴 앞의 기둥과 명창이 인도 석굴의 전통과 관련된다고 하더라도 석굴이 전체적으로 한화되었다는 것을 느끼는 것은 어렵지 않다. 벽면을 장식하는 크고 작은 감실들은 사천성에서 출토된 봉궐(鳳闕) 문양이 표현된 전돌 등에서 그 전통을 찾을 수 있다. 이 후한 2세기의 전돌에 보이는 용마루 위 봉황 문양은 9굴과 10굴 벽면을 장식하는 중국적인 건축 형식을 한 여러 감실에서 확인된다.

연등불수기

불전도와 본생도, 인연이야기 그림이 골고루 표현된 7굴·8굴과 달리, 9굴과 10굴에서는 불전도가 거의 사라지고 본생도와 인연이야기 그림이 벽면을 채우고 있다. 대표적인 것이 연등불수기다. 전생에 유동(儒童)[6]이라는 아이로 태어난 석가모니 붓다가 연등불(燃燈佛)[7]로부터 내세에 붓다가 될 것이라는 수기를 받는다는 이야기다. 그의 이름 '디팜카라'는 '등불을 켜다'라는 뜻이다. 이 이야기는 서기 후 500년간 인도 서북지방에서 유행했던 『디비야아바다나(Divyāvadāna)』나 『마하바스투(Mahāvastu)』와 같은 문헌에서 유래되었으며,[8] 출처에 따라 그 내용과 주인공의 이름이 다르게 나타난다.[9]

연등불수기의 내용은 이렇다.[10] 지금의 아프가니스탄 잘랄라바드 부근의 나가라하라(Nagarahara)에 한 유복한 집안이 있었다.[11] 이 집에는 유동이라는 이름을 가진 아들이 있었는데, 유동은 부모가 많은 재산을 남겨 둔 채 한 푼도 가져가지 못하고 죽는 것을 보게 된다. 그래서 그는 내세에 가져갈 수 있는 씨앗을 뿌리겠다고 결심한다. 결국 부모님이 남긴 유산을 포기하고 산으로 들어가 토굴을 파고 깨달음을 이루기 위하여 수행을 한다. 그러던 어느 날, 연등불이 설법하기 위하여 빠드마와티국(Padmavati)을 방문한다. 이때 유동도 탁발하기 위하여 이곳에 들른다. 유동은 큰 스승인 연등불에게 공양하기 위하여 꽃을 준비하려 하였지만, 많은 사람들이 꽃 공양을 위하여 이미 모두 사 버린 상태였다. 꽃을 구할 수 없었던 유동은 마침 프라크르티라는 여인이 푸른색의 연꽃 일곱 송이를 가지고 있는 것을 보고, 자기에게 팔 것을 애원한다. 그러자 프라크르티는 다음 생에 자신과 결혼하는 것을 조건으로 다섯 송이를 유동에게 판다. 연등불이 도착하자 많은 사람들에게 밀려 유동은 그만 들고 있던 꽃을 놓치는데, 꽃송이가 연등불의 머리 윗부분에 떨어져 아름답게 장엄한다. 또한 프라크르티가 공양한 두 송이의 꽃은 붓다의 어깨 위에 각각 내려앉는다. 연등불이 유동에게 다가오고 있을 때, 그는 비온 뒤 질퍽해진 진흙에 연등불의 발이 행여 더럽혀질까봐 염려하여 그 위에 엎드리고 머리카락으로 그곳을 덮는다. 연등불이 머리카락을 밟고 지나갈 때 유동은 다음과 같이 결심한다.

> 나도 모든 것을 아는 지혜에 도달한 붓다가 되어 천상계는 물론, 이 세상의 뭇 생명을 위하여 가르침을 펴리라.

그때 유동의 마음을 읽은 연등불은 수기를 준다.

> 너는 붓다가 되고자 하는 마음으로 이렇게 엎드렸다. 너의 맹세는 반드시 성취되리라. 지금으로부터 아승지겁(阿僧祇劫) 후에 붓다가 되리라. 그때의 이름은 석가모니 붓다라고 할 것이다.

결국 유동은 석가모니 붓다가 된다. 이 이야기는 연등불과 관련되는 몇 개의 본생담 중에서 가장 인기가 있다.

사실 연등불수기 장면은 앞에서 본 아잔타석굴 26굴 내부 벽면 위쪽에서도 보인다. 중앙에 초전법륜(初轉法輪)의 불좌상이, 그 왼쪽에 연등불수기, 오른쪽에 가필라성(Kapilavastu)으로의 귀환 장면이 표현되어 있다. 아잔타석굴에서는 연등불수기가 가필라성으로의 귀환 장면과 함께 표현되는 것이 특징이다.[12]

쿠샨 시대 간다라 연등불수기 파키스탄 라호르박물관 소장

10굴 전실 동벽 연등불수기

급고독 장자와
귀자모 이야기

9굴 후실의 서벽 3층에는 『금강경』에 보이는 코살라국의 수도 사위성에다 기원정사를 세워 석가모니 붓다에게 기부했던 수닷타(須達多, 급고독(給孤獨)) 장자에 관한 이야기가 있다. 사위성의 부호 수닷타 장자가 불쌍하고 외로운 사람들과 승가(불가)에 자신의 전 재산을 보시하여 집에는 겨우 사흘치의 양식만 남게 되었다. 마침 붓다의 제자 아난이 찾아와 공양해 줄 것을 청하자 남은 사흘치 가운데 하루치를 보시하였다. 다음 날 가섭이 찾아오자 수닷타 장자는 다시 하루치를 보시하였다. 그리고 그 다음 날 석가모니 붓다가 찾아오자 남아 있던 마지막 하루치의 곡식을 보시하였다. 수닷타 장자는 더 보시할 것이 없을까 하여 창고를 다시 살핀다. 그런데 창고가 황금으로 가득 채워진 것을 보게 된다.

　　남벽에는 500명이나 되는 아이를 가진 하리티(Hāriti, 귀자모(鬼子母)) 가 다른 사람들의 아이를 잡아먹는 잘못을 저지르자 붓다가 훈계하는 이야기가 있다. 『근본설일체유부비나야잡사(根本說一切有部毘奈耶雜事)』에 의하면, 원래 힌두교의 신이었던 하리티는 마가다국 왕사성에 살던 아름다운 여인이었는데 아이를 유산했다. 그녀가 죽은 다음 다시 귀자모로 태어났는데, 전생에 쌓은 좋은 일로 500명이나 되는 아이를 가질 수 있었다. 그러나 아이에 대한 집착이 너무나 강한 나머지, 다른 집 아이들을 잡아먹거나 죽이는 악행을 저지른다. 이에 석가모니 붓다가 귀자모의 아이 하나를 데려와 숨기자 아이를 되돌려 달라고 애원한다. 이를 통해 붓다는 다른 집 아이의 소중함을 귀자모에게 일깨워 준다.

9실 후실 서벽 수닷타 장자의 보시　　　　　9굴 후실 남벽 하리티

붓다에게 교화된 귀자모는 불교에 귀의하여 산모와 아이를 보호하는
수호신이 된다.

석가모니 붓다의 아들 라훌라와
마왕 마라

9굴 전실 서벽의 2층에는 석가모니 붓다가 아들 라훌라의 머리를 오
른손으로 만지고 있는 장면이 있다.[13] 어느 날, 석가모니 붓다가 카필
라성에 탁발하러 간다. 한때 부인이었던 야쇼다라가 아들 라훌라에게
"저 분이 너의 아버지다"라고 하자, 라훌라는 석가모니 붓다의 발에다
이마를 대고서 예를 올린다. 붓다는 라훌라의 머리를 어루만지면서 출
가를 권유한다. 이에 라훌라는 조금도 주저하지 않고 출가를 결심한
다. 라훌라는 석가모니 붓다가 출가하던 날에 생겨서 깨달음을 이루던

9굴 전실 서벽 부분
붓다가 라훌라의 머리를 쓰다듬고 있다.

날에 태어난다. 이 날 월식 현상이 일어났는데, 라훌라는 월식이라는 뜻이며, 장애와 방해라는 의미도 있다. 어떻게 보면, 라훌라는 아버지 석가모니 붓다의 깨달음을 방해하여 속세와의 인연을 끊지 못하게 하기 위해 태어났을지도 모른다.

10굴 후실에는 사촌 동생인 데바닷타가 석가모니 붓다를 죽이려다 도리어 불구덩이에 빠져 타 죽는다는 이야기와, 석가모니 붓다가 마왕(魔王, 마라)의 방해에도 불구하고 깨달음을 이룬다는 항마성도의 이야기가 있다. '죽음에 이르게 하는 자'라는 뜻의 마왕 마라는 욕계(欲界)의 가장 위쪽 하늘나라인 타화자재천(他化自在天)에 사는 천인이다. 타화자재라는 말뜻과 같이 그는 욕망을 자유자재로 즐길 수 있는 능력을 가진 천인으로, 금욕을 강조하는 붓다의 가르침과는 상반되는 행동을 한다.

10굴 주실 남벽 항마성도

욕계는 여섯 개의 하늘나라로 이루어져 욕계 6천이라고 하여, 수미산 중턱의 제1천 사천왕천(四天王天)으로부터 수미산 정상에 있는 제2천 도리천(忉利天), 그 위의 제3천 야마천(夜摩天), 제4천 도솔천(兜率天), 제5천 화락천(化樂天), 제6천 타화자재천을 말한다. 욕계 6천을 지나면 18개의 하늘나라로 이루어진 색계(色界)가 있으며, 색계를 지나면 4개의 하늘나라로 구성된 무색계(無色界)가 있다. 수미산 중턱에서부터 시작된 하늘나라가 모두 28개나 되는 바, 절에서 종을 28번 치는 것은 이와 관련된다.

운강석굴 10굴에 보이는 이들 인연이야기는 내용적인 면에서 전혀 관련이 없어 보이지만, 모두 472년에 담요와 길가야가 번역한『잡보장경(雜寶藏經)』의 내용과 연관된다는 공통점을 지닌다.

수미산전과
기자굴산전

9굴과 10굴 벽면의 내용 중에서 10굴 굴문 위에 새겨진 수미산(수메루산) 부조가 가장 눈길을 끈다. 『위서』「석노지」에 의하면, 398년에 평성으로 천도한 북위는 5층의 불탑과 기자굴산전, 수미산전(須彌山殿)을 건립하였다고 한다.[14] 수미산전의 조성은 북위 황실에서 일찍부터 수미산의 관념을 가지고 있었다는 것을 알려 준다. 이것이 발전하여 10굴 굴문에도 수미산이 부조로 새겨진 것이다.

수미산에 대해서는 앞서 아잔타석굴 26굴에서 설명했지만, 다시 한 번 정리해 보자면 이렇다. 우주의 중심인 수메루산은 바다에 둘러싸여 있으며, 이 바다는 연꽃으로 감싸져 있다. 수미산을 둘러싸고 네 개의 섬이 있으며, 인간이 사는 곳은 남쪽 섬인 섬부주(贍部洲)다. 섬부주는 주로 세모 형태로 표현되는데, 그들이 살고 있던 인도가 세모 형태이기 때문이다. 우리나라 불상에서 발견되는 복장물에는 수미산을 상징하는 후령통이 있으며, 이 통의 네 방향에는 네모(동쪽), 세모(남쪽), 원(서쪽), 반원(북쪽) 등의 사방을 상징하는 물건이 배치된다.

신라에서도 수미산의 관념이 서려 있는 곳이 있다. 선덕여왕은 죽은 후 도리천에 태어나기를 원하였다. 도리천은 바로 수미산 꼭대기에 있는 첫 번째 하늘나라다. 신라 사람들은 수미산을 왕경 남쪽의 낭산(狼山)이라고 여겼다. 지금 낭산 꼭대기에는 선덕여왕의 왕릉이 있다. 낭산의 중턱에는 이 산이 수미산임을 증명이라도 하듯이 사천왕천을 상징하는 사천왕사(四天王寺)가 있다.

10굴 굴문 위의 수미산 부조를 보면, 수미산 중턱을 두 마리의 용

10굴 굴문 위 수메루산

이 감고 있으며, 산 같이 생긴 삼각형의 구획 속에 멧돼지, 사슴, 새 등 동물들과 정체 미상의 존상들이 표현되어 있다. 10굴의 수미산을 볼 때마다 1993년, 충청남도 부여의 능산리 유적에서 발견된 금동대향로가 생각난다. 향로 뚜껑을 장식하는 산 모양의 구획 속에 18명의 사람과 65마리의 동물이 새겨져 있다.

사실 10굴 수미산 양옆에 있는 시바상과 비슈누상은 수미산의 도상이 인도나 중앙아시아에서 왔을 것이라는 개연성을 보여 준다. 하지만 중첩된 산을 배경으로 여러 동물을 표현하는 전통은 후한의 화상전에서도 찾을 수 있다. 따라서 인도적인 내용과 중국적인 표현법이 9굴과 10굴의 여러 곳에서 나타나듯이, 수미산이라는 인도적인 도상과 남조의 전통이 결합한 모습으로 볼 수 있다.

불교의 세계관에서 말하는 우주의 중심인 수미산에서 연상되는 불교 도상으로는 수미산, 욕계 제4천인 도솔천의 미륵보살상, 미륵신앙과 관련되는 미륵불상 등이 있다. 수미산의 관념 속에서 상상할 수 있는 평성의 수미산전에 봉안되었을 불상으로는 9굴과 10굴에서도 많이 볼 수 있는 반가사유상이나 교각미륵보살상, 의좌식의 미륵불

이불병좌상(위), **교각미륵보살상과 반가사유상**(아래)
9굴과 10굴에서는 다수의 이불병좌상, 교각미륵보살상과 반가사유상을 볼 수 있다.

운강석굴 10굴 주존

운강석굴 9굴 주존

상이 있다.

　여기서 잠시 기자굴산을 알아보자. 기자굴산(耆闍堀山)은 영취산(靈鷲山)의 산스크리트식 표현이며, 이 산은 석가모니 붓다가 『묘법연화경』 등 경전의 내용을 가장 많이 설법했던 산이다. 영취산(靈鷲山)에서의 설법이 얼마나 유명했던지 우리나라에서도 영취산이라는 산 이름이 전국 곳곳에서 확인된다. 기자굴산전(耆闍堀山殿)의 주존은 어떤 불상이었을까? 바로 영취산에서 설법하는 석가모니불상이거나 『묘법연화경』 「견보탑품」에 근거한 다보탑 속의 석가모니불상, 그리고 다보불상을 나란히 배치한 이불병좌상이다. 재미있는 사실은 9굴과 10굴에도 붓다의 설법상과 이불병좌상이 다수 확인된다는 점이다.

수미산전과 기자굴산전 사이에 일련의 관계가 있는 것은 아닐까? 후대에 많이 보수되긴 하였지만, 놀랍게도 9굴과 10굴의 주존은 각각 석가모니불상과 미륵불상이다. 이들 불상이 기자굴산전의 석가모니불상과 수미산전의 미륵불상과 연관될 수도 있다.[15] 당시 평성에서 가장 오랜 역사와 웅장한 외관을 지니고 있던 기자굴산전과 수미산전을 문명태황태후 풍씨와 효문제가 쌍굴의 형태로 재현했을 가능성도 있다. 운강석굴 9굴과 10굴에서 볼 수 있는 쌍굴의 전통은 북위가 494년, 낙양으로 천도한 후에 조성한 용문석굴에서도 계속 이어진다. 용문석굴 빈양삼동은 바로 그 예다.

1　『魏書』卷114,「釋老志」, p. 3036;『廣弘明集』卷2, T. 52, No. 2103, p. 102.

2　宿白,「大金西京武州山重修大石窟寺碑的發現與硏究: 與日本長廣敏雄敎授討論有關雲岡石窟的某些問題」,『北京大學學報 : 哲學社會科學』, 1982-2, pp. 29-49.

3　『魏書』卷7下,「高祖紀」第7下, p. 176.

4　宿白,「平城實力的集聚和"雲岡模式"的形成與發展」,『北朝硏究』, 1994-2·3. pp. 187-192.

5　長廣敏雄,「雲岡第9,10雙窟的特徵」,『中國石窟 雲岡石窟二』(雲岡石窟文物保管所 編, 北京: 文物出版社, 1994), pp. 193-207.

6　경전의 출처에 따라서 마나바(Mānava), 수마티(Sumati), 수메다(Sumedha), 메가(Megha)로 불리며, 한역 경전에서는 무구광(無垢光), 선혜(善慧), 미각(彌却), 미구(彌佉), 운(雲), 운뢰(雲雷), 수마제(須摩提), 선사(善思) 등으로 기록되어 있다.

7　디팡카라(Dīpaṃkara)라고도 불리며, 한역 경전에서는 정광불(錠光佛), 정광불(定光佛), 보광불(普光佛), 제화갈라(提和竭羅) 등으로 기록되어 있다.

8　Biswas Sampa, "Depiction of Dīpaṃkara Jātaka in North-West India, Afghanistan and Central Asia," *The Art of Central Asia and the Indian Subcontinent in Cross-Cultural Perspective*, ed. Anupa Pande, New Delhi: Aryan Books International, 2009, pp. 97-102.

9　村上眞完,『西域の佛敎―ベゼクリク誓願畵考』, 東京: 第三文明社, 1984, p. 128.

10　바라는 바를 이루겠다고 맹세하는 것을 誓願(Praṇidhāna,Praṇidhi)이라고 하는데, 이런 관점에서 보면 연등불수기는 서원과 관련된다고 볼 수 있다. 한편 서원화들이『佛本行經』의 내용과 어느 정도 일치하고,『歷代名畵記』에 "本行經變"의 기록이 있어서 "서원화"보다 "본행경변"으로 봐야 한다는 견해도 있다. 賈應逸,「栢孜克里克石窟初探」,『新疆石窟·吐魯番栢孜克里克石窟』, 新疆人民出版社·上海人民美術出版社, 1992, p. 4.

11　연등불수기와 관련된 도상이 간다라지방이나 아프가니스탄 카불 등지에서 인기가 있었던 것도 이 이야기가 잘랄라바드 분지의 나가라하라에서 생겼다고 하는 믿음이 있었기 때문이다. 이주형,「아프가니스탄 불교미술의 몇 가지 문제」,『아프가니스탄: 문명사적 의의와 전망』, 중앙아시아학회 국제학술대회, 2009, p. 25.

12　Denise P. Leidy, "Dipankara, Yungang and Buddhist Iconography in the Late Fifth-Century,"『불교석굴을 찾아서』, 월트 스핑크 교수 헌정 국제학술대회, 서울대학교 인문학연구원 문화유산연구소, 2008, pp. 109-110.

13　閻文儒,「羅睺羅因緣造像題材的商榷」,『雲岡石窟硏究』, 廣西師範大學出版社, 2003, pp. 285-289.

14　水野淸一,「魏書釋老志の耆闍山殿」,『中國の佛敎美術』, 東京:法藏館, 1968, pp. 336-343.

15　9굴과 10굴의 도상적인 배경을 법화 사상에서도 찾는 견해도 있다. 李靜傑,「雲岡第九·一0窟の圖像構成について」,『佛敎藝術』267(2003), pp. 33-58.

9

———

용문석굴 빈양중동

황실의 불교신앙을 읽다

한화정책과 낙양 천도

우리 조상들은 사람이 죽으면 북망산으로 간다고 생각하였는지, 상여꾼이 노랫가락 속에는 북망산이 들어 있다. 그런데 하남성 낙양 북쪽으로 가면 망산(邙山)이 있다. 망산은 옛날부터 낙양에 살던 귀족들이 죽으면 묻히는 곳이었다.

낙양에는 중국 최초의 절인 백마사(白馬寺)가 있다. 후한 명제(明帝, 57~75)의 꿈에 나타난 금인(金人), 즉 금동불상을 백마에 태워 낙양으로 가져와 모셨던 곳이다. 이 전설 같은 이야기가 맞다면, 낙양은 불교가 처음 중국에 뿌리를 내린 유서 깊은 곳이 된다. 그리고 낙양의 서남쪽에는 용문석굴이 있다. 죽은 사람들의 육체적인 안식처가 북망산이라면, 산 사람의 정신적인 안식처는 바로 용문석굴이다.

내몽고의 성락에서 산서성 대동으로 도읍을 옮긴 북위는 다시 하남성 낙양으로 천도한다. 낙양은 전통적으로 한족이 많이 거주하던, 한족 왕조의 오랜 도읍지였다. 대동에 있던 북위 황실은 한화정책에 박차를 가하고 있던 494년에 낙양으로 아예 수도를 옮긴다. 북위의 낙양 천도는 선비족들을 더욱더 한화시켰다.

운강석굴에서 말한 바 있지만, 한화란 적은 수의 선비족이 다수의 한족을 지배하기 위하여 스스로 한족 문화를 배우고 동화되어 가는 것을 말한다. 선비족은 한문을 익히고, 한자 이름을 사용하며, 한문을 관료가 되는 시험의 필수 과목으로 삼았다.

운강석굴에서 불상 조성의 발원문을 찾기 힘든 것은 당시 그들에게는 글자가 없었기 때문이다. 그러나 황족들이 원(元)씨로 개명하고 한자를 어느 정도 알게 되자, 용문석굴에 굴마다 조상기를 새겨 넣기

용문이십품, 시평공 조상기
89x39cm, 498년, 북경 고궁박물원 소장

시작한다. 마치 어린아이가 글을 막 터득한 후에 아무 데나 글 쓰는 것과 같은 꼴이다. 북위가 용문석굴에 새긴 발원문의 서체는 「용문이십품(龍門二十品)」의 대부분을 차지한다.¹ 「용문이십품」이란 3,700여 개나 되는 용문석굴 조상기 중에서 가장 아름답고 뛰어난 서체 20품을 말한다. 어느 정도 수준 있는 서예가라면 다 아는 「용문이십품」은 후대 서법의 교본이 되기도 했다. 북위가 용문석굴에서 많은 발원문을 새기면서 조상기의 서체가 예서에서 해서로 바뀌기 시작한다.

한편, 한화 과정에서 북위의 황족들은 한자 공부만 했던 것은 아니다. 그들은 선비족의 전통 복식을 벗어버리고 한복으로 갈아입었다. 그것도 당시 남조 문인들 사이에서 유행하던 포의박대식으로 말이다. 포의박대란 헐렁한 옷과 넓은 띠를 두르는 것을 말한다. 또한 그들은 남조 문인들이 추구했던 맑은 이미지의 호리호리한 체형, 즉 수골청상의 모습을 갖추고자 노력하였다. 당연히 이들에 의해 조성된 불상들도 수골청상의 모습에 포의박대식으로 법의를 착용한 모습으로 표현되었다.

불국토 낙양

용문석굴에서 가장 먼저 조성된 석굴은 고양동(古陽洞)이다.[2] 고양동은 낙양 천도를 준비하기 위하여 먼저 도착해 있던 북위의 귀족들이 조성한 것이다. 한화정책이 최고조에 이르렀을 때 만든 석굴답게 불상들은 완전히 한화되어 수골청상의 모습에 포의박대식으로 법의를 입고 있다. 고양동 벽면에 새겨진 북해왕(北海王) 원상(元詳)의 조상기에는 북위가 493년 가을에 산서성 대동에서 하남성 낙양으로 천도할 것을 선포하고, 다음 해인 494년에 천도를 단행하였다고 기록되어 있다. 산서성 대동에서 운강석굴을 만든 경험이 있던 북위 황실은 낙양으로 천도하자마자 조금도 지체하지 않고 대규모의 석굴을 조성하는데, 그것이 바로 용문석굴이다.

　547년, 양현지(楊衒之)가 쓴 『낙양가람기(洛陽伽藍記)』 「경명사(景明寺)」조에는 외국 승려들이 낙양을 "불국(佛國)"이나 "불도(佛都)"로 부를 만큼 불교가 번성하였다. 북위가 낙양으로 천도한 지 50년도 되지 않아 이렇게 놀라울 정도로 발전한 것이다. 신라의 황룡사 탑의 모델이 당시 낙양의 랜드마크였던 영령사(永靈寺)탑이었을 정도다. 낙양 천도 초기에 조성된 대부분의 절들이 대동의 절을 모델로 하였듯이, 영령사

아난상
영령사 절터 출토, 15cm, 북위 6세기 초

또한 467년에 조성된 대동의 영령사를 모방하였다.[3] 탑은 사라졌지만, 그 높이가 120m가 넘었던 것으로 기록되어 있다. 황룡사 탑의 추정 높이가 80m 정도, 현존하는 일본의 호류지 5층 목탑이 34m, 중국의 불궁사(佛宮寺) 탑이 67m라는 것을 감안한다면 실로 대단한 높이가 아닐 수 없다. 또한 근년에 영령사 절터에서 출토된 아난상과 공양여인상은 백제의 수도 부여에서 출토된 소조상들과 많이 닮았다. 이를 통해 영령사가 신라뿐만 아니라 백제에도 많은 영향을 주었다는 것을 알 수 있다.

용문석굴의 조성

용문석굴은 낙양에서 서남쪽으로 13km 떨어져 있으며, 황하의 지류인 이수(伊水)를 끼고 양쪽 절벽에 개착되어 있다. 용문을 이궐(伊闕)이라고도 하는 이유는 이수 때문이다. 이수는 남쪽에서 북쪽으로 흘러가황하와 합류하는데, 이 강을 사이에 두고 서쪽에 용문산이 있고 동쪽에 향산(香山)이 있다. 용문석굴은 용문산에서 그 이름이 유래되었다.

석굴의 조성은 용문산의 북쪽에서 남쪽으로 진행되다가 공간이부족해지자 이수를 건너 향산으로 넘어가는데, 여기서는 남쪽에서 북쪽으로 전개되었다. 5세기 말부터 시작된 석굴 조성은 북위와 당나라때에 가장 활발했다. 이 중에서도 북위의 고양동과 빈양삼동, 당나라때의 봉선사동과 뇌고대 삼동 등은 대표적인 예다.

용문석굴은 사암으로 이루어진 운강석굴과 달리 석회암 석굴이다. 현존하는 석굴은 모두 1,300여 개이며, 불상의 수는 10만 존 이상

용문석굴 원경
빈양삼동이 있는 용문산 부분이다.

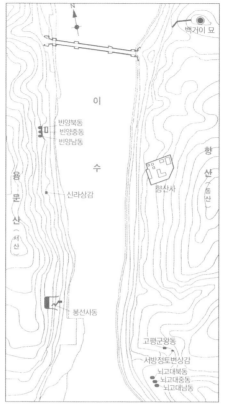

빈양북동
빈양중동
빈양남동

이

수

용
문
산
（
서
산
）

신라상감

항
산
（
동
산
）

항산사

봉선사동

고평군왕동
서방정토변상감
뇌고대북동
뇌고대중동
뇌고대남동

백거이 묘

N

용문석굴 배치도

에 달한다. 둔황 막고굴이나 운강석굴과 가장 큰 차이점은 조상기를
가진 석굴이 많아서 분명한 조성 시기를 알 수 있다는 것이다. 같은 왕
조 북위에서 운강석굴에서는 그렇지 않다가 갑자기 용문석굴에 와서
이렇게 많은 조상기를 새긴 이유는 무엇일까? 이는 495년의 한어(漢語)
사용령과 496년에 있었던 황실의 원(元)씨 개명 등 일련의 한화정책과
관련된다.

용문석굴이 둔황 막고굴이나 운강석굴과 다른 점은 또 있다. 우선 이들 세 석굴은 석굴 조성의 초기 목적이 다르다. 막고굴은 선관 수행을 위하여 조성되었기 때문에 벽화의 주제들도 대부분 승려들의 수행과 관련된다. 운강 석굴은 황제를 위하여 조성된 것이다. 반면, 용문석굴은 황족인 원씨들의 개인적인 신앙에 의해 조성되었다. 또한 막고굴이 인도와 중앙아시아의 직접적인 영향을 받았다면, 운강석굴에서는 그것이 한화되는 과정을, 용문석굴에 이르러서는 완전히 한화된 모습을 보여 준다.

북위 황실과 빈양삼동

어떻게 보면, 북위가 낙양으로 천도한 다음 황실 차원에서 처음 조성한 것이 빈양삼동(賓陽三洞)이라고 할 수 있다. 이 석굴은 선무제가 운강석굴을 모델로 하여 돌아가신 아버지 효문제와 어머니 문소황태후를 위하여 만들었다.[4] 즉 아버지를 위하여 빈양중동을, 어머니를 위하여 빈양남동을 조성한 것이다. 『위서』「석노지」에 의하면, 원래는 310척이나 되는 높이의 석굴을 만들고자 하였으나 완성하지 못하였다고 한다. 석굴 조성에 6년의 기간이 걸렸으며, 80만 2천 3백여 명이 동원되었다.[5] 또한 빈양중동과 빈양남동이 대동의 영암사(靈巖寺)를 모델로 하였기 때문에 '영암사석굴'이라 한다고 기록되어 있다. 기록 속에만 남아 있는 대동의 영암사는 어디일까? 빈양중동과 남동이 원래 쌍굴 형식이었던 것으로 보아 쌍굴이 여러 개 있는 운강석굴로 추정해 볼 수 있다.

이궐불감지비   빈양삼동의 입구

     빈양중동과 남동이 한창 조성되던 중, 선무제가 죽자 유등(劉騰)이
그를 위하여 그 옆에다 빈양북동을 조성한다. 이렇게 조성된 중동, 남
동, 북동을 일컬어 빈양삼동이라 부른다. 즉 원래는 운강석굴 9굴·10
굴과 같이 쌍굴을 만들고자 하였으나, 그 계획이 중도에 바뀐 것이다.
실제로 이들 석굴 안으로 들어가 보면, 북동의 내부 모습이 남동이나
중동과는 약간 다르다는 것을 알 수 있다. 비록 빈양삼동이 대칭굴(쌍
굴)이라는 점에서 운강석굴의 전통을 이어 받았지만, 전실이 생략되는
등 구조적인 면에서 많은 변화가 일어난다.

     한편, 빈양중동과 빈양남동 사이에 새겨진 641년명 「이궐불감지

비(伊闕佛龕之碑)」는 석굴 조성에 관한 전후의 사정을 알려 준다.[6] 비문에 의하면, 빈양중동은 북위 때 이미 완성되었지만, 남동과 북동은 미완성된 채로 방치되어 왔다가 당나라 때 와서야 준공되었다고 한다. 빈양중동 주존의 갸름하고 약간 긴 상호와 빈양남동 주존의 둥글고 부드러운 상호에 보이는 차이는 이러한 역사적 상황을 설명해 준다. 빈양남동과 빈양북동이 완성된 것은 「이궐불감지비」가 새겨진 641년부터 영휘(永徽, 650~655) 연간까지로 추정된다.[7]

빈양중동과 삼세불

문지기는 말 그대로 문을 지키는 이다. 불교에서 문지기의 역할은 금강역사(金剛力士)가 한다. 중국에서는 북위 때부터 금강역사가 석굴 굴문을 수호하는 역할을 했었다. 빈양중동의 굴문 양옆에도 많이 부서지긴 했지만, 금강역사상이 굴문을 지키고 있다. 금강역사상을 지나 발을 문턱 위에 걸치면서 양옆을 보면, 마혜수라천(摩醯首羅天)과 구마라천(鳩摩羅天)이 문 기둥 부분에 새겨져 있는데 어디선가 많이 본 듯한 모습이다. 둔황 막고굴 285굴 정벽에서 봤던 인도의 신들이다. 이들은 석굴 굴문 입구에서 수호적인 역할도 하는데, 운강석굴 8굴과 10굴의 굴문에도 비슈누와 시바가 새겨져 있다.[8] 인도에 원류를 두고 있는 이들 도상이 중국에 수용된 후 굴문을 수호하는 역할을 맡게된 것이다. 수나라 589년에 조성된 하남성 안양의 대주성굴(大住聖窟)에 이르면 나라연신왕(那羅延神王)과 가비라신왕(迦毘羅神王)이 그 역할을 하는 것을 볼 수 있다.[9]

빈양중동 굴문 기둥
마혜수라천과 구마라천이 보인다.

안양 대주성굴
굴문 양 옆에 위치한 나라연신과 가비라신

운강석굴 8굴 명창
가루다를 타고 있는 비슈누

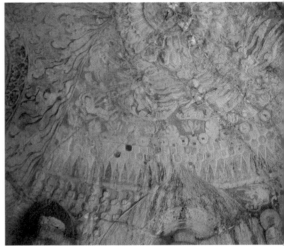

빈양중동 바닥 부분(좌)**과 천장 부분**(우)
대부분의 석굴들은 바닥까진 문양으로 새기지 않는데, 그런 면에서 빈양중동은 화려했던 북위황실 석굴을
대표한다고 볼 수 있다.

빈양중동 안으로 들어가 보면, 밖에서 보는 것과 달리 공간이 상
당히 넓고 높으며, 불상도 의외로 크다는 것을 느끼게 된다. 석굴이 조
성된 북위 6세기 전반의 절들은 현존하지 않지만, 석굴 속에 들어서면
당시 낙양 어느 절의 법당 안에 있는 듯한 착각이 든다. 존상들의 정연
한 배치와 불국토를 연상케 하는 화려한 장엄들은 황족만이 출입할 수
있었다는 것을 묵묵히 알려 주는 듯하다.

2000년, 둔황국제학술대회를 마치고 바로 비행기를 타고 낙양의
용문석굴에 간 적이 있다. 둔황에서 만난 용문석굴 관계자가 보고 싶
은 석굴이 있으면 다 개방해 주겠다는 약속을 했기 때문에 둔황 주변
답사를 포기하고 간 것이다. 나는 빈양삼동 중 빈양중동이 가장 먼저
조성되었기 때문에 빈양중동부터 조사를 하기 시작하였고, 그 다음 바
로 옆에 있는 빈양남동으로 발길을 옮기다가 남동 조사를 마치고 중동

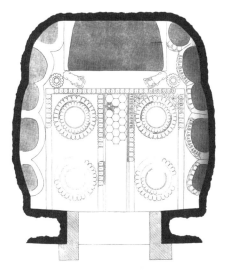

빈양중동 도면

으로 건너 오고 있던 도쿄문화재연구소의 오카다 겐(岡田 健) 선생을 만
났다. 1990년대 초반 국립중앙박물관 미술부에 있을 때부터 알고 지
내던 터라 반갑기도 했지만, 서로 어떻게 석굴 속에 들어올 수 있었는
지에 대하여 물어봤던 기억이 떠오른다. 사실 석굴 속에 외국 학자가
개인적으로 들어간다는 것이 쉬운 일이 아니었기 때문이다.

　보통 큰 불상들은 섬세함이 떨어지는데, 빈양중동은 전혀 그렇지
가 않다. 천장 구석구석까지 화려하게 조각한 것은 물론, 바닥까지 연
꽃 문양으로 장엄하여 아버지를 위해 만든 석굴에 선무제가 얼마나 심
혈을 기울였는지 알 수 있다. 악기를 연주하거나 공양물을 바치는 천
인과 화려한 꽃 장식이 있는 천장을 보다 보면,『묘법연화경』「비유품
(譬喩品)」의 "하늘 나라의 기락천과 백천만의 신이 허공에서 함께 천화
(하늘 꽃)를 내리니"라는 구절이 떠오른다.

석굴 정벽과 양쪽 벽에는 크고 작은 불상들이 조성되어 있는데, 정벽엔 불좌상을 중심으로 제자상과 보살상이 협시하고 있다.[10] 불좌상은 시무외인과 여원인을 결합하였으며, 대좌가 법의 자락에 가려진 상현좌(裳懸座) 형식이다. 이러한 대좌 형식은 우리나라의 부여 군수리에서 출토된 석조여래좌상과 청양에 발견된 소조대좌, 군위삼존석굴 등에서도 볼 수 있다.

석굴의 양쪽 벽에도 불입상을 중심으로 보살상이 협시하고 있다. 비록 선무제가 돌아가신 자신의 아버지를 위하여 조성했기 때문에 이 석굴이 정토 신앙과 관련될 가능성이 있지만, 정벽에 불좌상을, 좌우 벽에 불입상을 배치한 모습이 운강석굴 20굴과 닮아 삼세불로 보는 것이 좋을 것 같다.

삼세불에는 종삼세불(從三世佛)과 횡삼세불(橫三世佛)이 있다. 종삼세는 시간적인 개념을 종(세로)으로 본 것으로 과거, 현재, 미래를 일컫는다. 과거육불(過去六佛)이 과거의 붓다라면, 석가모니 붓다는 현재의 붓다가 되고, 56억 7천만년 뒤에 도래할 미륵불은 미래의 붓다가 된다. 횡삼세는 공간적인 개념을 횡(가로)으로 보아 세 개의 세계, 즉 중앙의 세계, 그 양옆에 동방의 세계, 서방의 세계가 있음을 말한다. 석가모니 붓다의 세계가 중앙이면, 약사불은 동방세에, 아미타불은 서방세에 있다고 생각하였다.

만약 빈양중동이 운강석굴 삼세불의 영향을 받았다면, 과거와 현재, 미래의 불상을 봉안한 종삼세불일 가능성이 높다. 더욱이 천장의 천인이『묘법연화경』「비유품」과 연관된다면, 빈양중동의 불상은『묘법연화경』「서품(序品)」의 가섭불, 석가모니불, 미륵불이거나 「방편품(方便品)」의 과거불, 현재불, 미래불일 것이다.[11]

용문석굴 빈양중동 남벽 불상과 보살상

빈양중동 정벽 불좌상

부여 군수리 석조여래좌상
13.5cm, 백제 6세기, 국립중앙박물관 소장

황제와 황후의 예불

석굴로 들어가 굴문 쪽을 바라보면, 문 양옆에는 바닥부터 천장이 닿는 곳까지 4단에 걸쳐 다양한 내용이 좌우 대칭으로 새겨져 있다. 십신왕상(十神王像), 황제와 황후의 예불 장면, 본생도, 유마거사와 문수보살의 대담 장면이 그것이다. 바닥 면에 닿아 있는 가장 아래쪽에는 양옆으로 각각 5존씩 10존의 신왕상이 새겨져 있다. 동위의 효정제(孝靜帝) 무정(武定) 원년(543)에 낙자관(駱子寬) 등이 조성한 불비상이나 동위 546년에 조성된 대류성굴(大留聖窟) 양측 벽면에 새겨져 있는 십신왕상과[12] 비교해 보면, 황제예불도 아래에는 바람신, 용신, 사자신, 나무신, 물고기신이 있으며, 황후예불도 아래엔 새신, 코끼리신, 불신, 보석신, 산신 등이 표현되어 있다는 것을 알 수 있다. 십신왕상은 이후 공현(鞏縣)석굴과 향당산(響堂山)석굴에서 잠시 보이다가 사라진다.

　　십신왕신 바로 위에는 지금은 흔적만 남아 있지만, 북측엔 황제예불도가, 남측엔 황후예불도가 새겨져 있었다. 1934년, 북경 유리창(琉

대류성굴의 십신왕상 중 나무신(좌)과 바람신(우)

빈양중동 십신왕상

위 사진의 부조에는 명문이 없지만 대류성굴과 불비상과의 비교를 통해 십신왕상으로 추정한다.

빈양중동 석굴 내부 전면 배치도

빈양중동 황제예불도 부분
208x393cm, 뉴욕 메트로폴리탄미술관 소장

璃廠)의 골동상인 위에빈(岳彬)이 예불도를 떼어 외국에 팔아 넘겼는데,
현재 황제예불도는 미국 뉴욕 메트로폴리탄미술관에, 황후예불도는
넬슨-앳킨스미술관에 각각 소장되어 있다. 황후예불도를 보고 있으면,
517년 영태후(靈太后)가 많은 사람들과 함께 이궐석굴사(용문석굴)에 행
차하였다는 『위서』「후비열전(后妃列傳)」의 기록이 떠오른다. 어쩌면 선
무제가 죽은 다음, 일곱 살짜리 아들 효명제를 대신하여 섭정하던 영
태후가 이곳 빈양중동에 행차한 것일 수도 있다. 황제와 황후의 예불
장면이 정말 선무제와 영태후가 실제로 이곳에서 예불하던 모습일 수
도 있는 것이다.

빈양중동 황후예불도
193x277cm, 캔자스시티 넬슨-앳킨스미술관 소장

낙신부도권 부분(송나라 모본)
비단에 채색, 27x573cm, 북경 고궁박물원 소장

사실 황제와 황후의 예불도는 빈양중동이 황실과 밀접하게 관련 된다는 것을 알려 준다. 예불도에 표현된 존상들은 실존했던 사람들을 그대로 옮긴 듯 사실적으로 표현되어 있다. 그들이 입고 있는 옷도 고 개지(顧愷之)가 그린 「낙신부도권(洛神賦圖卷)」의 복식과 유사하여 남조 의 영향 속에서 한화된 것을 알 수 있다. 황후예불도에 보이는 운혜(雲

鞋)를 신고 화려하게 치장한 서너 명의 여인은 황후를 포함한 황제의 여자들로 추정된다. 황제와 황후의 예불 행렬은 3·7일(21일) 동안에 거행되었던 황실의 행도송경(行道誦經, 길을 가면서 경전을 읽는 의식)과 관련될지도 모른다.

마하사트바태자와
수다나태자의 보시

황제와 황후 예불도 위로 '보시'를 주제로 하는 본생도가 새겨져 있다. 이는 마하사트바태자와 수다나태자의 보시 이야기다. 마하사트바태자 본생도는 북량의 담무참이 번역한 『금광명경(金光明經)』 「사신품(捨身品)」 등에 기록된 사신사호(捨身飼虎)의 이야기를 표현한 것이다.[13] 마하라타(摩訶羅陀)왕의 셋째 아들인 마하사트바태자는 사냥 중에 발견한 굶주린 호랑이와 새끼 호랑이들에게 자신의 몸을 던져 보시하였는데, 이 소식을 들은 왕은 아들의 유해를 모아 칠보탑을 세운다. 마하사트바태자와 형제들 중 한 사람이 쓰고 있는 모자가 페르시아 왕족들의 그것과 매우 유사하여 주목된다

수다나태자 본생도는 서진(西秦, 265~317) 때 성견(聖堅)이 번역한 『태자수대나경(太子須大拏經)』에 근거한 것으로,[14] 샤바즈 가르히(Shabha Garhi) 왕국(현 페샤와르 분지)의 바루샤 성에 살고 있던 수다나(수대나)태자의 보시에 관한 이야기다.[15] 수다나태자는 가뭄이 들면 비를 내리게 해 주어 나라의 보배로 여기던 코끼리를 어느 브라흐만에게 보시하였다. 화가 난 국왕과 백성들은 수다나태자는 물론, 그의 아내와 두 아이

빈양중동 마하사트바태자 본생도
절벽 아래로 몸을 던지는 마하사트바태자의 모습은 떼어져 나간 상태다.

빈양중동 수다나태자 본생도
떼어져 나간 검은 부분의 윤곽을 통해 수다나태자 및 아내와 두 아들의 모습을 짐작할 수 있다.

빈양중동 문수보살상

를 추방한다. 산속으로 쫓겨난 태자는 브라흐만에게 다시 두 아이와
아내마저 보시한다. 브라흐만은 사실 태자의 마음을 시험해보고자 했
던 인드라로, 태자의 보시가 정말 마음에서 우러나온 것임을 알게 된
다. 그래서 태자로부터 받았던 코끼리와 아내, 아이들을 돌려주었으
며, 태자는 가족과 함께 바루샤 성으로 돌아가 행복하게 살았다. 수다
나는 '고귀한 보시'라는 뜻으로, '보시태자'라고도 불리웠다. 이렇게
좋은 일을 한 태자는 몇 생을 거친 후, 석가모니 붓다가 되었다.

　　한편, 벽면 제일 위쪽에 그려진 유마경변상도는 원래 남조에서 유
행하였는데, 북위의 한화 과정에서 빈양중동의 벽면에 표현된 것이다.
유마거사상에서 『역대명화기』에 묘사된 고개지의 화풍이 나타나는 것

빈양중동 유마거사상

도 다 이러한 배경 때문이다.

　운강석굴 조성에 참여했던 장인들이 빈양중동을 만들었지만, 운강석굴과 다른 점도 있다. 석굴 속의 예불 공간이 훨씬 넓어졌을 뿐만 아니라, 불상과 보살상, 제자상이 존격에 따른 구별이 분명해졌다는 점이다. 또한 황제와 황후 예불도와 십신왕신이라는 새로운 주제가 삽입되어 있는 것도 운강석굴에서는 보이지 않던 것이다.

1 角井博,「龍門造像記の書法-龍門二十品における北魏樣式の一面-」,『論叢佛敎美術史』(町田甲一先生古稀記念會 編, 東京: 吉川弘文館, 1976), pp. 129-154.

2 溫玉成,「龍門石窟古陽洞硏究」,『中原文物』, 1985年特刊, pp. 114-148.

3 『洛陽伽藍記』卷1「城內」永寧寺.

4 八木春生,「龍門石窟北魏後期諸窟についての一考察-五二〇～五三〇年代に開かれた石窟を中心として-」,『佛敎藝術』267(2003. 3), pp. 59-89

5 『魏書』卷114「釋老志」, p. 3043.

6 張若愚,「伊闕佛龕之碑和潛溪寺,賓陽洞」,『文物』, 1980-1, pp. 19-24.

7 「이궐불감지비」에 따르면, 태종의 넷째 아들 위왕(魏王) 이태(李泰)가 어머니 문덕(文德)왕후를 추모하기 위하여 석굴을 조성하였다고 한다.

8 閻文儒,「雲岡石窟造像中一些題材的考釋」,『雲岡石窟硏究』, 廣西師範大學出版社, 2003, pp. 317-325.

9 河南省古代建築保護硏究所,『寶山靈泉寺』, 河南人民出版社, 1991; 李玉珉,「寶山大住聖窟初探」,『故宮學術季刊』16-2(1998), pp. 1-52.

10 Amy McNair, *Donors of Longmen: Faith, Politics and Patronage in Medieval Chinese Buddhist Sculpture*, Honolulu: University of Hawai'i Press, 2007, pp. 31-50.

11 『妙法蓮華經』, T. 21, No. 1335, p. 568상.

12 河南省古代建築保護硏究所,『寶山靈泉寺』, 도38-45.

13 이 본생담은『금광명경』외에『현우경』과『佛說菩薩投身飴餓虎起塔因緣經』에서도 확인된다.

14 이 본생담은『六度集經』,『根本說一切有部毘奈耶雜事』,『菩薩本緣經』,『菩薩本行經』,『大智度論』등에도 기록되어 있다. 이와 관련된 연구로는 松本榮一,「敦煌畫の研究」, 東方文化學院 東京研究所, 1937(京都: 同朋舍, 1985), pp. 258-262; 金維諾,『佛本生圖的內容與形式』,『中國美術史論集』, 臺北: 明文書局, 1987, pp. 377-378.

15 산스크리트어 문헌에는 비슈반타라(Viśvantara), 팔리어 문헌에는 베산타라(Vessantara), 한역 경전에는 수대나(須大拏)로 기록되어 있다.

10

용문석굴 봉선사동

측천무후를 생각하다

현장의 귀국

일반적인 평가와 마찬가지로 나 역시 중국불교조각의 전성기를 당대(唐代)로 꼽는다. 하지만 사실 당이 건국된 후, 황제들은 불교에 대하여 그다지 호의적이지 않았다.[1] 고조(高祖)는 승원(僧院)의 세력과 재산을 제한하였고,[2] 625년에는 도교를 가장 우위에 두고, 유교, 불교를 그 다음 순으로 정하는 칙령을 내리기도 하였다.[3] 태종(太宗) 역시 도교 우위의 정책을 고수하였다.[4] 그는 당 황실이 노자의 후손임을 여러 번에 걸쳐 강조하였는데, 노자의 이름이 이이(李耳)로, 성이 같았기 때문이다.[5] 고종은 657년에 승려가 된 자식에게 부모가 절하지 못하게 하는 칙령을 만들었으며,[6] 오히려 승려들이 황제는 물론 부모에게 예를 올리도록 하는 것을 의무화하였다.[7]

이렇게 당나라 건국 후 약 50년간 도교가 가장 중시되었는데, 절대로 바뀔 것 같지 않던 당의 종교정책이 변하기 시작하였다. 바로 『서유기』의 실제 주인공 현장의 귀국과 측천무후의 불교 후원 덕분이었다. 위대한 제국 건설의 꿈을 가졌던 태종에게 나라 밖의 사정, 즉 정보는 꼭 필요한 것이었다. 그런데 현장의 『대당서역기』에서 보듯이, 현장에게는 그가 방문했던 중앙아시아와 인도의 여러 지방에 대한 다양한 정보가 있었다.[8] 이는 태종을 충분히 자극하고도 남았다. 현장에 의해 불교가 황실의 주목을 받으면서 승려들이 살지 않던 폐사(廢寺)를 중수하는 등 다시 부흥하기 시작하였다. 648년, 태종은 현장의 권유에 따라 경성(京城)과 여러 주(州)의 사찰에서 각각 5명씩, 현장이 머물고 있던 홍복사(弘福寺)에서 50명이 승려가 되는 것을 허락하였다. 이때 전국 3,716개 사찰에서 18,500명이 승려가 되었다.[9] 지금도 그가 활동

용문석굴 봉선사동

했던 서안과 낙양에는 그의 자취를 볼 수 있는 여러 유적이 남아 있다. 그가 인도에서 가져온 경전을 보관하기 위하여 세워진 서안의 자은사(慈恩寺) 대안탑(大雁塔)과 그의 입적 후 사리를 봉안한 흥교사(興敎寺) 현장탑, 그가 조성한 용문석굴의 우전왕상(優塡王像, 우다야나왕이 만든 석가모니불상) 등이 그것이다.

측천무후의 불교 후원

서안에서 북서쪽으로 약 80km 떨어진 곳에는 고종과 측천무후가 묻힌 건릉(乾陵)이 있다. 황릉이라고 하지만 우리가 생각하는 큰 무덤과는 거리가 있다. 보통 산 하나 전체를 능으로 만들기 때문에 그 규모가 엄청나다. 부끄러운 이야기지만, 1990년대 중반 처음 이곳을 답사했던 나는 건릉 꼭대기에 올라가서야 비로소 그곳이 무덤 위라는 것을 알았다.

불교적인 환경 속에서 성장한 측천무후는 도교 중심이었던 당나라의 종교정책을 불교 쪽으로 옮겨 놓는 데 결정적인 역할을 하였다. 측천무후는 독실한 불교 집안 출신이다.[10] 태종의 재인(才人)으로 있다가 태종이 죽자 그는 장안 감업사(感業寺)의 비구니가 되었는데, 절 생활에 대한 실제 경험은 그를 더욱 불교에 빠져들게 하였다.

한편 측천무후는 자신의 입지를 구축하기 위하여 고승들을 초빙하는 등 새로운 불교 세력을 규합하기도 하였다. 또한 속승(俗僧)들로 하여금 위경(僞經)을 찬술하게 하여 691년, 국호를 주(周)로 바꾸고 자신이 황제가 된 것을 정당화하기도 하였다. 속승들은 그의 정치적인 입지가 서서히 구축되기 시작하던 685년 이후에 내도량(內道場)에 들

건릉과 건릉 입구의 사신 조각
건릉은 입구에 당을 드나들던
130여 개국의 사신 조각상이
있어 그 규모와 함께 당시
당나라가 얼마나
대단하였는지를 보여 준다.

어가 무주 정권 창출에 협조하였다.[11] 이 무렵에 그려진 것으로 추정
되는 막고굴 321굴 남벽의 보우경변상도(寶雨經變相圖)는 그러한 정황을
잘 대변해 준다.[12] 『보우경(寶雨經)』은 그의 남자로 알려진 요승(妖僧) 설
회의(薛懷義)가 찬술한 『대운경소(大雲經疏)』과 함께 측천무후의 집권을
정당화하기 위하여 특별히 만들어진 경전이다.[13] 『대운경』은 무주 정
권 창출을 경하하는 내용으로 이루어져 있으며, 『보우경』은 측천무후
가 황제가 될 수밖에 없었던 특별한 징조들을 열거하고 있다. 당연히
이들 경전은 중국에서 만들어진 위경(僞經)이기 때문에 산스크리트어
원전은 없다.

막고굴 321굴 보우경변상도에는 하늘에서 보배로운 비(보우)가 내
리고 있는 가운데 석가모니 붓다가 가야산(伽倻山)에서 설법하는 장면이

화면 중앙에 그려져 있다.[14] 아름다운 여인이 중생들을 이롭게 한다는 경전의 내용을 재현하듯이 측천무후는 가장 크고 화려한 모습으로 중앙에 그려져 있다. 그림 전체에 걸쳐 보우를 표현하여 이곳이 하늘임을 나타내고, 그것을 좀더 강조하기 위하여 화면 상단 양쪽에 거대한 손바닥으로 해와 달을 떠받치고 있는 장면을 배치하였다. 이와 같은 보우경 변상도의 구도를 다시 설명하면, 윗부분에 해[日]와 달[月]이, 아랫부분은 하늘[空]이 있는 모습이다. 놀라운 사실은 이 구도를 한자로 배치해 보면 측천무후의 이름인 조(曌) 자와 많이 닮았다는 점이다.

　　어떻게 보면, 측천무후와 불교는 상생 관계에 있었다고 할 수 있다. 당의 황제들이 도교와 유교에 정치적인 이념을 두었지만, 그는 불교에서 그것을 찾았다. 측천무후가 불교를 후원하는 분위기 속에서 장안과 낙양에서는 현장의 미륵사상과 선도(善導)의 아미타불의 정토사상, 법장의 화엄사상 등 여러 불교 종파가 생겨났다. 특히 측천무후는 화엄 승려들을 적극적으로 후원하였고, 승려들도 그의 정치적인 입지를 구축하는 데 도움을 주었다. 그가 낙양의 백사마판(白司馬坂)의 대불 등 수많은 불상을 실제로 조성하였다고 기록되어 있지만, 지금 유일하게 남아 있는 것은 용문석굴 봉선사동(奉先寺洞)뿐이다.

측천무후와 봉선사동

용문석굴의 이미지는 흐릿할 수 있어도, 봉선사동은 그렇지 않을 가능성이 높다. 여자 모습의 큰 불상을 떠올리면 되기 때문이다. 불상 대좌에는 당나라 722년에 새겨진 「하락상도용문산지양대노사나상감기(河

봉선사동 불상 대좌의 상감기

洛上都龍門山之陽大盧舍那像龕記)」(이하 상감기)가 있어서 "대노사나상감(大盧舍
那像龕)"이라고도 한다. 내용은 이렇다.

하락 상도 용문산 남쪽 대노사나상감에 대한 기록, 대당 고종 천
황 대제가 창건한 것이다. 불신과 통광, 대좌 등 전체 높이는 85
척, 2존의 보살상은 70척, 가섭과 아난, 금강신왕상은 각각 50척
이다. 생각하건대, 함형(咸亨) 3년 임신년 4월 1일에 황후 무씨가
지분전(脂粉錢, 화장품 구입비) 2만 관을 희사하였다. 검교승(檢校僧)인
서경(장안) 실제사(實際寺)의 선도(善導) 선사와 법해사(法海寺)의 혜

봉선사동

간(惠簡) 법사, 대사인 사농시경(司農寺卿) 위기(韋機), 부사인 동면감(東面監) 상주국(上柱國) 번현칙(樊玄則), 지료장(支料匠)인 이군찬(李君瓚), 성인위(成仁威), 요사적(姚師積) 등이 칙령을 받들어 상원(上元) 2년 을해년 12월 30일에 완성하였다. 조로(調露) 원년 기묘년 8월 15일에 칙령을 받들어 대상의 남쪽에 대봉선사를 건립하였다.

이 기록은 불상이 완성된 675년 이후 얼마 지나지 않아 새긴 것이기 때문에 신뢰도가 높다. 기록에 따르면 석굴은 고종 황제가 창건하였다고 하지만, 불상 조성에 소용된 경비를 측천무후가 후원한 것을 알 수 있다.[15]

「상감기」에는 각 존상의 이름이 기록되어 있으며, 조성에 참여한 사람들이 언급되어 있다. 선도 선사와 혜간 법사는 봉선사동 전체를 구상했던 승려들이다. 사농시경 위기는 원래 낙양의 밭과 원(苑)을 주

봉선사동 평면도

관하던 책임자이며,[16] 동면감은 시농시경과 비슷한 역할을 하던 관직이다. 지료장 이군찬은 실제로 조각에 참여했던 장인으로,[17] 존상들의 살아 있는 표정과 신체의 굴곡을 따라 유기적으로 처리된 법의 자락 등에서 최고 수준의 조각가라는 것을 알 수 있다.

「상감기」의 내용이 구체적임에도 불구하고 두 가지 점에 대해서는 계속 논쟁이 있어 왔다. 봉선사동의 규모에 비하여 공사 기간이 3년 9개월밖에 되지 않는다는 점과[18] 석굴 발원의 주체가 고종인지 측천무후인지가 바로 그것이다. 쉽사리 결론나지 않지만 어쨌든 봉선사동은 용문석굴에서 가장 큰 존상이라는 점과 황실 발원의 석굴이라는 점에서 주목하지 않을 수 없다.

노사나불상은 어깨가 좁고 단아한 자태와 아름답지만 강단이 있어 보이는 얼굴 표정을 하고 있다. 사람들은 당시 다른 불상과는 전혀 다른 모습을 하고 있어서 측천무후가 이 불상의 실제적인 모델이 되었던 것은 아닐까 생각하기도 한다. 봉선사동 존상들만큼 각자의 존격을 잘 표출하고 있는 것을 보기는 쉽지 않다. 가섭상과 아난상은 제자

용문석굴 봉선사동

노사나불상

아난상

보살상

금강역사상

로서 붓다의 말씀을 경청하는 진지한 자세로, 보살상은 인자한 모습으로, 천왕상과 금강역사상은 근엄하면서도 강건한 모습으로 표현되었다. 특히 맑고 총명해 보이는 아난상과 체관(體觀)의 경지를 보여 주는 보살상, 근육의 움직임 하나하나까지 섬세하게 표현한 역동적인 모습의 금강역사상 등은 지료장(조각가)의 관찰력과 묘사력이 얼마나 뛰어났는지를 여실히 보여 준다.

노사나불상의 조성

봉선사동 주존이 노사나불이라는 것은 「상감기」 외에 대좌 연판에 새겨진 화불을 통해서도 알 수 있다.[19] 왜 대좌 연판에 화불을 새겼다고 하여 노사나불상이라고 부르는 것일까? 『화엄경』의 이본(異本)인 『범망경(梵網經)』에서 그 근거를 찾을 수 있다. 즉, 『화엄경』의 위경(僞經)인 『범망경노사나불설보살심지계품제십(梵網經盧舍那佛說菩薩心地戒品第十)』에 봉선사동 노사나불상의 도상적인 근거가 될 만한 내용이 확인된다.

> 이때에 석가모니불이 제4선지(禪地) 마혜수라천(摩醯首羅天)의 왕궁에서 헤아릴 수 없는 대범천왕(大梵天王)과 여러 보살들에게 연화대장세계(蓮華臺藏世界), 즉 노사나불의 심지법계품(心地法界品)에 대하여 설하였다. … 나는 이미 백아승지겁(百阿僧祇劫) 동안에 수행하여 범부를 버리고 등정각(等正覺)을 이루어 노사나가 되었다. 연화대장세계해(蓮華臺藏世界海)에 거주하는데, 대(臺)를 둘러싸고 천엽(千葉)이 있으며, 일엽(一葉)은 일세계(一世界)로 천세계이다. 내가

봉선사 노사나불상 대좌 연판의 화불
도다이지 노사나불상 대좌 연판 부분

천석가로 화(化)하여 천세계에 있고, 후에 일엽세계(一葉世界)에 다
시 백억 수미산, 백억 일월(日月), 백억 사천하(四天下), 백억 남염부
리(南閻浮提)가 있다. 백억 보살석가(菩薩釋迦)는 백억 보리수(菩提樹)
아래에 앉아서 각각 너희들이 질문한 보리살타십지(菩提薩埵心地)
를 설하고, 나머지 999존의 석가도 각각 천백억 석가로 화현함이
이와 같다. 천화(千花) 위의 불(佛)은 나의 화신(化身)이며 천백억
석가는 천 석가의 화신으로, 나의 원래 이름은 노사나불이다.[20]

『범망경』의 연화장세계에 있는 법신인 노사나불과 화신인 석가모
니불에 대한 기록이다. 봉선사동 주존 노사나불상과 대좌 연판에 새겨
진 화불(석가불)을 연상하게 한다.

그런데 연화장세계란 무엇일까? 연화장세계란 말 그대로 연꽃(연
화)으로 세계를 담고(장) 있다는 뜻이다. 연화장세계를 주관하는 붓다
가 노사나불이며, 노사나불의 대좌에는 연꽃마다 화신인 석가모니불
이 앉아 있다고 한다. 즉 봉선사동 주존은 노사나불이며, 연판 위의 화

불은 화신인 석가모니불인 것이다. 이러한 모습은 일본 나라(奈良) 도다이지(東大寺) 대불인 노사나불상의 대좌 연판에서도 확인된다.

그런데 왜 고종과 측천무후는 노사나불을 봉선사동의 주존으로 선택하였을까? 봉선사동이 한창 조성되고 있던 674년, 고종은 손사막(孫思邈)으로부터 화엄 사상의 심오함을 처음으로 접하게 된다. 『불조통기(佛祖統紀)』에 전후 사정이 기록되어 있다.

상원 원년, 황제가 손사막을 불러 간의대부로 배명했으나 고사하였다. 문기를 "불경 중에서 어느 것이 가장 위대한가?" 사막이 대답하기를, "화엄만 한 것이 없습니다." 황제가 말하기를, "근년에 현장법사가 반야 600권을 번역하였는데, 어찌하여 대단하지 않는가?" 사막이 말하기를, "화엄법계(華嚴法界)는 일체문(一切門)으로

도다이지 노사나불상 나라 시대, 8세기 중반

일문(一門) 중에 경전 천 권의 내용을 나타낼 수 있고, 반야경 또한 화엄의 일문일 뿐입니다." 이에 황제가 처음으로 화엄을 알게 되었다.[21]

이러한 대화 속에서 대노사나상감이 조성될 무렵, 고종과 측천무후가 화엄의 원대한 세계관을 상당히 이해하고 있었다는 것을 알 수 있다. 당시 불교에 대한 황실의 관심과 함께, 당나라 불교계에서 화엄이 부각되던 시점과 맞물려 이러한 불상이 조성되었다고 보는 것이 정확할 것이다.

봉선사동이 한창 조성되던 674년에 측천무후는 천후(天后)가 되고, 고종은 손사막으로부터 화엄사상의 심오하고 원대한 세계관을 전해 들었으며, 7세기 후반 당나라 불교계를 주도했던 화엄 승려 법장(法藏)이 현수(賢首)라는 법호를 수여받았다. 바로 이러한 시대적인 분위기가 봉선사동에다 노사나불상을 조성하게 한 것이다. 이제 엄청난 규모의 봉선사동이 성공적으로 완성되자 그것을 기점으로 7세기 중반을 주도했던 현장의 유식학은 중앙 무대에서 사라지고 법장의 화엄 사상이 그 자리를 차지하게 된다. 이제 법장의 화엄사상이 구현된 뇌고대 남동으로 가 보자.

1   滋野井恬,「唐朝の宗教政策」,『唐代佛教史論』, 京都 : 平樂寺書店, 1973, pp. 3-23.

2   스탠리 바인스타인,「당대 불교 종파(宗派) 형성 과정에서의 황실 후원」,『당대사(唐代史)의 재조명』(아서 라이트·데니스 트위체트 엮음, 위진수당사학회 옮김, 서울:아르케, 1999), p. 357.

3   『集古今佛道論衡』卷丙, T. 52, No. 2104, p. 381상.

4   滋野井恬,「唐の太宗李世民と佛教」,『佛教の歷史と文化』, 京都 : 同朋舍, 1980, pp. 216-235.

5   結城令聞,「初唐佛敎の思想史的矛盾との交錯」,『東洋文化硏究所紀要』25(1961), pp. 8-14.

6   『佛祖統紀』卷39「勅僧道無得受父母尊長拜條」, T.49, No. 2035, p. 367상.

7   『集沙門不應拜俗等事』卷3, T. 52, No. 2108, p. 455상중.

8   『大唐西域記』卷12, T. 51, No. 2037, pp. 867-947.

9   『佛祖統紀』卷39, T. 49, No. 2035, p. 366하.

10 陳寅恪,「武曌與佛教」,『國立中央硏究院 歷史語言硏究所集刊』5-2(1935), pp. 137-147.

11 스탠리 바인스타인,「당대 불교 종파(宗派) 형성 과정에서의 황실 후원」, p. 406.

12 배진달(배재호),「武周期의 符命과 佛敎 美術」,『미술사학보』20(2003), pp. 117-134.

13 『舊唐書』卷6「本紀」第6, 則天武后, pp. 123-124.

14 史葦相,「敦煌莫高窟的〈寶雨經變〉」,『1983年全國敦煌學術討論會文集-石窟·藝術 編 上』(敦煌文物硏究所 編, 蘭州 : 甘肅人民出版社, 1985), pp. 61-83 ; Kim, Haewon, *Unnatural Mountains : Meaning of Buddhist Landscape in the Precious Rain Bianxiang in Mogao Cave 321*, Pennsylvania ph. diss., 2001 ; 李玉珉,「敦煌莫高窟三二一窟壁畫硏究」,『臺灣2002年東洋繪畫史學會』, 2002, pp. 88-104.

15 Amy McNair, *Donors of Longmen : Faith, Politics and Patronage in Medieval Chinese Buddhist Sculpture*, Honolulu : University of Hawai'i Press, 2007, pp. 111-122 ; 肥田路美,『初唐佛敎美術の硏究』, 東京 : 中央公論美術出版, 2011, pp. 215-237.

16 『舊唐書』卷185上「列傳」第135上, 良吏上 韋機傳, pp. 4795-4797.

17 용문석굴 북시사향상감(北市絲行像龕) 북쪽 조상기에 그가 관음보살상을 조성하였다는 내용이 있어서 용문석굴과 인연이 있던 인물로 보인다.

18 외국학자들은 대부분「상감기」의 내용을 따르고 있지만(田邊三郎助,「龍門石窟奉先寺洞本尊·盧舍那佛像」,『國華』1128(1989), pp. 43-46), 중국 학자들은 규모를 고려하여 650년대나 660년대에 이미 착공되었을 것으로 보고 있다(宮大中,「龍門石窟藝術試探」,『文物』1980-1, pp. 6-15).

19 배진달(배재호),『唐代佛敎彫刻』, 일지사, 2003, pp. 143-144 ;『연화장세계의 도상학』, 일지사, 2009, p. 19.

20 『梵網經盧舍那佛說菩薩心地戒品第十』卷上, T. 24, No. 1484, p. 997중하.

21 『佛祖統紀』卷 39, T. 49, No. 2035, p. 368중.

11

—

용문석굴 뇌고대 남동

마하보리사와 석불사를 만나다

화엄과 불교계

1992년 가을, 용문석굴 답사 때 나는 엄청난 충격을 받았다. 불상과 보살상의 외관적인 차이는 보관이나 목걸이, 팔찌 등 장엄 유무에 달려 있다. 즉 불상은 옷만 입고 장엄을 전혀 하지 않지만, 보살상은 화려하게 치장한다. 그런데 용문석굴 뇌고대(擂鼓台) 남동에서 보관과 목걸이, 팔찌를 한 불상을 본 것이다. 사실, 그 모습은 김리나 선생이 쓴 논문에서 이미 사진으로 보았다. 하지만 실제로 목격했을 땐 사진으로 봤던 그 기억은 사라진 지 오래였고, 또 다른 충격적인 모습으로 다가왔다. 왜 이런 모습의 불상을 만들었을까?

7세기 후반 당나라에서는, 선도의 아미타정토사상과 현장의 미륵사상을 대신하여 법장(法藏)의 화엄사상이 불교계를 주도하게 된다. 법장이 불교계를 주도할 수 있었던 것은 측천무후의 후원 때문이었다. 670년, 어머니 영국부인(榮國夫人)이 죽자 측천무후는 살던 집을 희사하여 서태원사(西太原寺)라는 원찰을 세웠다. 법장이 서태원사의 주지가

용문석굴 향산 뇌고대 언덕

되면서 측천무후와의 개인적인 관계가 시작되었다.

　　법장은 평생 동안 화엄사상을 연구하였으며, 중국 불교의 주류가 되는 데 큰 역할을 하였다. 용문석굴 봉선사동이 완성되던 675년부터 화엄에 대한 인식이 무르익기 시작해, 699년에는 실차난타(實叉難陀)의 주도 아래 80권본 『대방광불화엄경』(『화엄경』)이 번역되었다. 그리고 이 모든 과정 속에는 측천무후의 후원과 법장의 도움이 있었다. 주목할 만한 사실은 서문에 경전의 내용을 인용하여 자신이 황제가 될 수밖에 없었던 이유를 서술하고 있다는 것이다. 이는 측천무후가 국가적인 이데올로기를 화엄사상에서 찾았고, 적절하게 그것을 이용하면서 자신의 입지를 구축해 나갔다는 것을 말해 준다. 화엄 승려들은 측천무후의 뜻에 적극적으로 호응하면서 그의 후원 속에서 7세기 후반 당나라 불교계를 주도하였다.

마하보리사 정각상의 유행

『화엄경』은 고타마 싯다르타태자가 보드가야의 보리수 아래에서 깨달음을 이루어 붓다가 된 후, 그 자리에서 항마촉지인을 결한 채 14일 동안 붓다의 참된 모습과 세계관을 삼매 속에서 펼쳐 보인 이야기다.[1] 삼매 속에서 붓다가 깨달음의 내용을 설법한 횟수에 따라 7처 8회(일곱 장소에서 여덟 번 설법함) 중심의 60권본 『화엄경』과 7처 9회(일곱 장소에서 아홉 번 설법함) 중심의 80권본 『화엄경』으로 나뉜다.[2]

　　이들 『화엄경』에 기록된 설법의 장소로는 지상의 보리량중(菩提場中), 보광명전(普光明殿), 서다림(逝多林)과 천상의 도리천궁(忉利天宮), 야마

칠지구회도

비단바탕에 채색, 194x179cm , 요나라, 기메동양미술관 소장

그림에는 같은 모습의 불상이 아홉 존 그려져 있는데, 이는 7처 9회의 장면을 나타낸 것이다.

용문석굴 뇌고대 남동

마하보리사

마하보리사 항마촉지인을 결한 석가모니 붓다
팔라 시대

천궁(夜摩天宮), 도솔천궁(兜率天宮), 타화자재천궁(他化自在天宮)이 있다. 적
멸도량이나 보광명전 등은 지금도 절에서 볼 수 있는 법당들이다. 7처
8회나 7처 9회 설법에서 석가모니 붓다께서 청중들에 둘러 싸여 설법
하는 모습이 연상되지만, 실제 이것은 삼매 속에서 펼쳐진 것이다. 즉
실제적인 모습은 보리수 아래에서 막 깨달음을 이룬, 항마촉지인을 결
한 채 가부좌로 앉아 있는 석가모니 붓다이다. 그래서 60권본이든 80
권본이든 간에 화엄의 내용을 생각하면, 마하보리사(摩訶菩提寺)의 보리
수 아래에 앉아서 항마촉지인을 결한 석가모니 붓다가 삼매에 잠긴 모
습을 연상할 수 있다.

　645년, 현장이 중앙아시아와 인도 여행을 마치고 귀국한 후 당나

라 최고의 베스트셀러 『대당서역기』를 찬술한다. 『대당서역기』를 읽은 당나라의 많은 승려들은 번역된 경전이 아닌 산스크리트어 원본을 구하고, 석가모니 붓다의 흔적이 남아 있는 성지를 순례하기 위하여 인도로 구법 여행을 떠난다.[3] 그런데 이들 승려들이 반드시 들러서 예불하였던 곳이 바로 마하보리사의 정각상(正覺像)이었다. 『대당서역기』에서 현장은 그곳을 들렀을 때 석가모니 붓다께서 깨달음을 이룰 때 앉았던 금강좌(金剛座)에 대하여 다음과 같이 기록하고 있다.

> 보리수 밑단의 한가운데에 금강좌가 있다. 옛날 현겁(賢劫)이 처음 이루어졌을 때 대지와 함께 일어났다. 삼천대천세계 가운데 있으며, 밑으로는 금륜(金輪)에 다다르고 위로는 땅에 이르렀으며 금강으로 이루어져 있다. 주위는 백여보(百餘步)이다. 현겁의 천불이 여기에 앉아 금강에 드셨기 때문에 금강좌라 한다.[4]

또한 마하보리사에는 금강좌 북쪽에 정각한 붓다의 모습을 모델로 만든 불상이 봉안되어 있다고 기록하고 있다.

> 정사(精舍)가 이미 완성되었다. 공인들을 모아서 여래가 처음 깨달음을 이루신 모습을 그리고자 하였으나 여러 달이 지나도록 아무도 응하지 않았다. 얼마 있다가 한 바라문(婆羅門)이 와서 여러 사람에게 "나는 여래의 묘한 상을 잘 도사(圖寫)할 수 있노라"고 말하였다. … 정사 속에서 불상이 의연히 결가부좌하고 있는 것을 보았다. 오른발을 (왼발) 위에 두었다. 왼손은 안으로 모으고 오른손은 아래로 내려 뜨렸다. 동쪽을 향하여 숙연하게 앉아 있었다.

대좌의 높이는 4자 2치, 폭은 1장 2자 5치, 상의 높이는 1장 1자 5치, 무릎의 폭은 8자 8치, 어깨의 넓이는 6자 2치였다. 상호가 원만히 다 갖추어지고 자비스러운 얼굴 모습이 살아 있는 것만 같았다. 단지 오른쪽 젖 주위를 다 칠하지 못하였다. 이미 사람은 보이지 아니하였으나 바야흐로 그 신감(神鑒)을 증험하였다. 모두 안타깝게 여기면서 은근히 알고자 하였다. 한 사문이 원래 마음이 순박해서 마침내 감응하여 꿈에 바라문에게 가서 보니, 말하기를 "나는 자씨보살(慈氏菩薩, 미륵보살)인데, 공인들이 성용(聖容, 성스러운 모습)을 헤아리지 못할 것을 염려하여 직접 와서 불상을 도사하였다." … 이때 젖 위에 아직 완성되지 않은 곳에 온갖 보물과 구슬과 보관으로 진기하게 걸쳐서 장식하였다.[5]

『대당서역기』에 의하면, 마하보리사와 정각상은 보리수 아래에서 깨달음을 이룬 석가모니 붓다를 기념하기 위하여 세운 절과 불상이다. 이곳에 도착하여 정각상을 봤던 당나라 승려들은 마치 석가모니 붓다를 친견한 양, 벅찬 감응에 눈물을 흘리지 않을 수 없었을 것이다. 이들은 비단 승려만이 아니었다. 왕현책(王玄策) 등 당나라 사신들도 이곳에 왔는데, 일행이었던 화가 송법지(宋法智)는 그 모습을 직접 그려 장안으로 가져오기도 하였다.[6] 지금은 사라졌지만, 『역대명화기』와 『사탑기』에 기록된 장안과 낙양의 사원 벽화는 물론, 둔황에서 발견되어 영국의 대영박물관과 인도 뉴델리 국립박물관에 있는 비단 그림 속 여러 도상들은 인도의 불상이 어떤 식으로 당나라에 전래되었는지 추측하게 해 준다. 특히 비단 그림 속 '마가다국 방광서상(摩伽陁國 放光瑞像)'이라는 이름을 가진 불상은 장엄한 모습과 자세, 수인 등에서 뇌고

비단 그림 속의 마가다국 방광서상

대 남동 주존과 유사하여 주목된다.[7] 7세기 후반의 당나라 수도 장안과 낙양은 가장 국제화된 도시 가운데 하나였다. 수도 장안과 낙양에는 외국에서 들여온 진귀한 물건이 셀 수 없이 많았다. 물론 인도 불상도 그 속에 포함되어 있었는데, 그중에서도 단연 최고로 인기가 있었던 불상은 마하보리사의 정각상이었다.[8]

7세기 후반 당나라에서 인도 불상이 얼마나 유행했었는지, "인도 불상(印度佛像)"의 명문이 새겨진 불상까지 만들어졌다.[9] 현장의 『대당서역기』에서 인도라는 이름이 처음 확인되듯이, 천축이 아닌 "인도"라는 이름이 사용되기 시작한 것도 이 무렵이다.[10] 인도 불상이라는 명문을 지닌 불상들은 진흙 성분의 선업니(善業泥)로 조성되었는데, 기존

명문이 있는 인도 불상

의 불상과 달리 인도 굽타 시대(320~550년경) 불상에서나 볼 수 있는 어깨가 넓고 허리가 가늘며, 오른쪽 어깨를 드러낸 모습으로 옷을 착용하고 있다. 선업니로 만든 불상 중에는 마하보리사의 대탑을 둘러싸고 있는 네 개의 작은 탑을 연상하게 하는 탑이 네 모서리에 하나씩 표현된 것도 있다.

마하보리사의 정각상은 당의 어떤 종파보다도 화엄종과 밀접한 관련이 있다. 화엄종의 종지는 『화엄경』에서 비롯되었고, 『화엄경』의 내용은 보리수 아래에서 깨달음을 이루었던 석가모니 붓다의 삼매 속에서 펼쳐진 것이다. 바로 그 붓다의 모습이 마하보리사의 정각상이다. 마하보리사의 정각상은 결가부좌를 하고 항마촉지인을 결한 채 가슴 장식을 걸치고 보관을 쓰고 있다. 뇌고대 남동에서 내가 본 불상이 마하보리사 정각상을 모델로 만들어졌던 것은 아닐까?

뇌고대 남동의 조성

용문석굴 향산(香山)의 남쪽에 있는 뇌고대 언덕 위에는 석굴 3개가 나란히 조성되어 있다. 이를 뇌고대 삼동이라고 한다. '뇌고대'는 말 그대로 '북을 두드리던 언덕'으로, 중국 여러 곳에서 확인할 수 있는 이름이다. 역사적으로 접전지에는 으레 이 이름이 있는데, 언덕 위에서 적의 움직임을 보고 공수를 알리는 북을 두드리던 것에서 유래하였다. 실제로 용문석굴 뇌고대도 용문 협곡에서 접전이 이루어졌을 때 그 언덕에 올라가 북을 두드리던 곳이었다. 이 언덕 제일 남쪽에 있는 석굴이 바로 뇌고대 남동이다.[1] 석굴 조성과 관련되는 어떠한 기록도 남아 있지 않아 언제 누가 어떤 불상을 만들었는지 알 수가 없다. 그러나 불상의 양식적인 특징과 석굴 바깥 벽면에 새겨진 기념명 불상들을 통

뇌고대 삼동

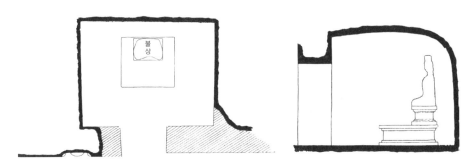

뇌고대 남동 평면도

하여 대략 7세기 말에 조성된 것으로 추정된다.

　석굴 중앙에는 『대당서역기』에 묘사된 마하보리사 정각상의 모습을 연상하게 하는 보관과 목걸이 등을 장식하고 편단우견식으로 옷을 입은 항마촉지인 불좌상이 있다. 석굴 속 벽면을 가득 채우고 있는 불좌상 역시 중앙의 불상과 같이 보살 모습을 한 불상이다. 이들 불상은 찢어진 눈, 넓은 어깨, 잘록한 허리, 몸에 착 달라붙은 옷자락 등 이전에는 전혀 볼 수 없던 새로운 모습을 하고 있다. 마치 인도 굽타 시대의 사르나트 불상을 용문석굴에서 보는 듯한 착각마저 들게 한다.

　사실 주존에 대해서는 원래부터 뇌고대 남동의 불상이었는지, 아니면 다른 곳에서 옮겨 들여온 것인지에 대한 논란이 지금까지 계속되고 있다. 이러한 논쟁의 배경으로는 불상이 석굴 벽면에 부조로 새겨진 것이 아니라 따로 만들어졌다는 점과 불상의 재질과 석굴의 재질이 다르다는 점을 들 수 있다. 이 때문에 원래 이 불상은 석굴과 관계없다고 보기도 한다. 그러나 불상 대좌를 놓기 위해 약 10cm 정도 높이로 깎여 있는 석굴 바닥의 기단과 바로 위 천장에 새겨져 있는 커다란 연꽃 가운데 천개를 달기 위한 구멍은 원래 석굴 중앙에 불상이 있었다

뇌고대 남동의 항마촉지인 불좌상

는 것을 증명한다. 특히 천장과 벽면에 고부조로 새겨진 약 40cm 크기의 천불(千佛)들은 주존과 그 모습이 유사하여 이 불상이 뇌고대 남동의 주존일 가능성을 더욱더 높여 준다.[12]

　　뇌고대 남동의 불상들은 『화엄경』에서 말하는 깨달은 붓다의 모습과 관련된다. 『화엄경』 앞에 붙는 '대방광'은 붓다가 마음이 크고(大) 반듯하고(方) 넓은(廣) 품성을 가지고 있다는 것을, '화엄'은 그 모습이 화려(華)하게 장엄(嚴)되어 있는 것을 뜻한다. 그런 면에서 목걸이나 팔찌 등으로 장엄한 불상이야말로 『화엄경』에서 말하는 깨달은 붓다와 가장 잘 어울린다고 생각된다.

뇌고대 남동 천장 연판

뇌고대 남동 내부 벽면 장엄여래상

석조불대좌 당 706년, 서안 비림박물관 소장

뇌고대 남동의 항마촉지인 불상이 정말 『화엄경』과 관련될까? 주
목할 만한 것은 7세기 후반 당에서 가장 인기가 있었던 불상이 뇌고대
남동 주존과 같이 항마촉지인 불좌상이며, 바로 이 불상이 정각상이라
는 점, 정각 후 삼매 속에서 펼쳐 보인 내용이 『화엄경』이라는 점이다.
뇌고대 남동 천장과 벽면을 가득 채우고 있는 천불상들은 『화엄경』
「노사나불품(盧舍那佛品)」에 기록된 "노사나불은 시방에 두루 계시는데,
장엄신(莊嚴身)을 나투신다"라는 내용과 관련될 가능성이 있다.[13] 즉, 깨
달은 붓다를 묘사한 "화려하게 장엄된"이라는 내용과 장엄신이 일맥
상통하고 있는 것이다.

뇌고대 남동의 주존은 역사적인 붓다인 석가모니불이자 화엄의
노사나불로 추정된다. 석굴의 규모와 성격, 조각의 수준을 통하여 볼
때, 7세기 말에 화엄 승려들에 의해 조성되었을 가능성이 크다. 7세기
후반 당의 불교계를 주도했던 화엄가들은 당시 장안과 낙양에서 가장
인기가 있었던 역사적인 석가모니 붓다, 즉 마하보리사의 정각상을 화

석불사(석굴암) 통일신라 8세기 후반

엄 속으로 끌어들였다. 사실 『화엄경』의 주인공인 노사나불이 어떤 수
인을 결한 모습인지에 대해서는 경전에서 언급하고 있지 않아 항마촉
지인 불좌상이라는 근거를 찾을 수는 없으며, 그저 모호하고 막연한
문구로만 묘사되고 있어서 그 실체를 연상하기도 쉽지 않다. 화엄가들
은 당시 대중들에게 가장 인기가 있던 마하보리사 정각상과 석가모니
붓다의 삼매 속에서 14일간 설한 『화엄경』의 내용을 연결했을 가능성

이 높다.[14] 비록 항마촉지인을 결한 마하보리사 정각상이 화엄가들만의 불상은 아니었지만, 적어도 화엄가들의 이러한 생각은 우리나라 석불사까지 이어지고 있다.

그렇다면 뇌고대 남동도 7세기 후반 당의 화엄가들의 주도하에 조성되었을 것으로 추정되는데, 특히 개인적으로 몇 개의 석굴을 용문석굴에 조성한 경험이 있는 법장이 뇌고대 남동을 조성하였을 가능성이 높다. 서안 비림(碑林)박물관 소장의 석조불대좌는 대좌 윗면에 새겨진 명문에 의하여 "보리서상(菩提瑞像)"을 받치는 용도로 제작되었다는 것을 알 수 있다. 706년, 법장으로 추정되는 장안 서숭복사(西崇福寺)의 승려에 의하여 조성된 이 불상은 서안 근교 화엄사 탑에 납입되었다고 한다.[15] 2002년, 화엄사를 답사했을 땐 산 중턱에 비를 겨우 피할 정도의 초라한 요사채와 2기의 전탑만이 남아 있었다. 실제 이 절이 명문에 기록된 바로 그 화엄사일까 하고 의심이 들 정도였다. 알다시피 보리서상은 마하보리사의 서상(정각상)을 모델로 삼아 조성한 것이다. 현재 불상은 사라져 뇌고대 남동 주존과 비교할 수는 없어도 비슷한 모습이었을 것으로 추정된다. 정말 의상과 함께 지엄 문하에서 공부했던 법장이 뇌고대 남동을 조성했던 것은 아닐까?

1   붓다의 삼매 기간에 대해서는 경전에 따라서 21일(『妙法蓮華經』), 42일(『四分律』), 56일(『五分律』), 350일(『大智度論』)로 달리 기록되어 있으나, 화엄가들은 14일로 보고 있다(『華嚴要訣問答』卷1 「說經時義」『韓國佛敎全書』2, 동국대학교 불전간행회, 1979, p. 353중하.

2   해주스님, 『화엄의 세계』, 민족사, 1998, pp. 30-38.

3   배진달(배재호), 『唐代佛敎彫刻』, 일지사, 2003, pp. 36-43: 이주형 편, 『동아시아 구법승과 인도의 불교 유적-인도로 떠난 순례자들의 발자취를 따라』, 사회평론, 2009.

4   『大唐西域記』卷8, T. 51, No. 2087, p. 915하.

5   『法苑珠林』卷29, T. 53, No. 2122, p. 503상.

6   『大唐西域記』卷8, T. 51, No. 2087, p. 916상중.

7   Arthur Waley, *A Catalogue of Paintings Recovered from Tun-huang by Sir Aurel Stein*, London: The British Museum, 1931, pp. 268-269.

8   金理那, 「中國의 降魔觸地印佛坐像」, 『韓國古代佛敎彫刻史硏究』, 一潮閣, 1991(1989년 초판), p. 299: 肥田路美, 「唐代における佛陀伽耶金剛座眞容像の流行について」, 『論叢佛敎美術史』, 東京: 吉川弘文館, 1986, p. 172: 이주형, 「보드가야 항마성도상의 前史-불전미술의 〈降魔〉敍事와 촉지인 불상의 탄생」, 『시각문화의 전통과 해석』, 靜齋金理那敎授 停年退任 美術史論文集, 2007, pp. 53-82.

9   金理那, 「印度佛像의 中國傳來考-菩提樹下 金剛座眞容像을 중심으로」, 『韓沽劤博士停年退任史學論叢』, 知識産業社, 1982, pp. 737-752; 肥田路美, 「唐蘇常侍所造の'印度佛像'搏佛について」, 『美術史硏究』, 22(1985. 3), pp. 1-18; 배진달(배재호), 『唐代佛敎彫刻』, pp. 220-229.

10 『大唐西域記』卷2, T. 51, No. 2087, p. 875중.

11 배진달(배재호), 「龍門石窟擂鼓臺南洞硏究」, 『미술사연구』 16(2002), pp. 459-476(「龍門石窟擂鼓臺南洞硏究」, 『2004年龍門石窟國際學術硏討會文集』, 河南人民出版社, 2006, pp. 165-169.

12 부서진 벽면을 제외한 나머지 부분에서 확인되는 존상은 모두 765존이다. 龍門石窟硏究所·北京大學 考古學系, 『中國石窟 龍門石窟2』, 北京: 文物出版社·東京: 平凡社, 1988, p. 274.

13 『大方廣佛華嚴經』卷4, 「盧舍那佛品」, T. 9, No. 278, p. 414상.

14 배진달(배재호), 『연화장세계의 도상학』, pp. 64-65.

15 武天合 編, 『西安碑林古刻集粹』, 西安地圖出版社, 1996, pp. 215-216.

12
—
남향당산석굴 1굴 · 2굴

서방 극락정토에 태어나다

하북성

태원 ●

남향당산석굴

산서성

산동성

● 안양

조남해석굴

중 국

섬서성

하남성

북제 고씨 황족의
불교 후원

당나라 시인 백거이는 집을 희사하여 용문석굴 향산에다 향산사(香山寺)를 짓고, 말년에 병이 들자 3만 전의 거금을 들여 서방극락세계도(西方極樂世界圖)를 그렸다고 한다. 현재 그림은 남아 있지 않지만, 백거이가 쓴 찬문은 전해진다.

극락세계의 청정한 땅에는 여러 악도와 중생들의 고통이 없네.
이 몸과 같이 늙고 병든 사람들이 함께 무량수불이 계시는 곳에
태어나기를 바라네.

백거이와 같이 죽음을 앞둔 사람들이라면, 사후 세계에 대한 두려움으로 인해 인간들이 만들어 낸 가장 안전한 곳인 정토에 태어나기를 갈망하게 된다. 북제 황실도 예외는 아니었다. 자신을 아소카왕이라고 여겼던 북제의 문선제(文宣帝, 550~559)는 육식을 하지 않는 등 금욕적인 생활을 하였고, 직접 불상을 조성하기도 하였다. 그는 천평사(天平寺)를 역경의 중심 사찰로 삼아 많은 경전을 번역하였는데, 당시 왕궁에 1만 개 이상의 패엽경(貝葉經, 나무 잎에 쓰여진 경전)이 소장되어 있을 정도였다. 또한 고승 법상(法上)을 스승으로 삼아 연등불수기를 재현하기도 하였는데, 유동이 그랬던 것처럼 자신의 머리카락을 법상으로 하여금 밟고 지나가게 하였다.

무성제(武成帝, 561~565)도 즉위 원년인 561년에 다보탑을 세우고 살생을 금지하는 등 불교를 적극적으로 후원하였다. 뒤이은 후주(後主,

565~577)도 처음엔 불교를 후원하였으나 어머니 호씨(胡氏)와 승려 담헌(曇獻)과의 부적절한 관계가 드러나자 승려들을 죽이는 등 불교에 대해 부정적인 태도를 취하였다.

『속고승전(續高僧傳)』에 의하면, 당시 북제의 수도 업성〔鄴城, 임장현(臨漳縣)〕에는 4천 개 이상의 사원과 8만 명 이상의 승려가 있었다고 한다.[1] 북제 황실이 불상 조성에 적극적이었다는 것은 고예(高叡)가 백부 고환(高歡, 문선제의 아버지)과 형님 고징(高澄) 등 가족들을 위하여 556년에 조성한 무량수불상과 석가모니불상, 아촉불상을 통해서도 알 수 있다.[2] 이들 불상은 명문으로 확인되는 중국 최초의 공간적인 개념을 지닌 횡삼세불상으로 보인다. 북제 황실의 이러한 적극적인 후원 속에서 업성과 가까운 곳에 향당산석굴이 개착된다.

향당산석굴의 조성

석굴은 주로 교통로나 큰 도시 근처에 조성된다. 향당산석굴 역시 업성에서 북제 고씨 황족의 원래 근거지였던 산서성 태원(太原)의 진양궁(晉陽宮)으로 갈 때 잠시 들러서 쉬어가는 곳이다.[3] 석굴 주변에는 북제 황실과 관련되는 북향당산석굴, 수욕사(水浴寺)석굴 등이 있다. 남·북 향당산석굴은 고산(鼓山)의 남쪽과 서북쪽에 각각 조성되어 있어서 붙여진 이름이다. 북향당산석굴에는 약 800존의 불상이 있으며, 남향당산석굴에는 약 3,700존의 불상이 있다.

북향당산석굴 3굴, 4굴, 7굴과 남향당산석굴 2굴, 7굴의 석굴 윗부분에 탑 상륜부의 복발(覆鉢)과 찰주(刹柱) 장식이 있다. 학자들은 북

南향당산석굴

향당산석굴 7굴 그 자체가 탑의 기능을 한다고 생각하여 향당산석굴을 처음 조성했던 문선제의 무덤으로 보기도 한다. 북향당산석굴 아래쪽에 위치한 상락사지(常樂寺址)에서 발견된 금(金)의 1159년명「상락사중수삼세불전기(常樂寺重修三世佛殿記)」에 문선제가 이곳에 3개의 석실을 개착하였다는 내용이 있어서 그와 관련될 가능성을 높여 준다.[4]

전체 7개의 석굴로 이루어진 남향당산석굴은 아래쪽에 1굴(화엄동)과 2굴(반야동)이, 위쪽에 3굴부터 7굴이 있다. 비교적 이른 시기에 조성된 1굴과 2굴에는 북향당산석굴의 영향이 많이 보인다. 2굴보다 늦게 조성된 1굴은 북제가 멸망하면서 완성을 보지 못한 석굴이다.

남향당산석굴 2굴 문 밖에서 발견된 수나라의「부산석굴사지비(滏山石窟寺之碑)」를 통하여, 석굴이 북제의 565년에 영화사(靈化寺)의 승려

남향당산석굴 1굴 입구와 굴 도면

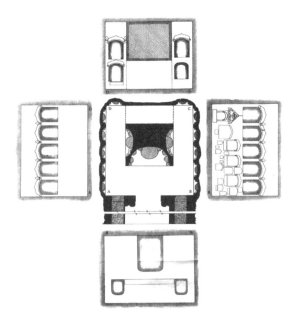

혜의(慧義)에 의해 조성되기 시작해 북제가 멸망할 때까지 계속되었다는 것을 알 수 있다. 북주는 북제를 멸한 후에 폐불 정책을 단행하였는데, 이때 북제 황실의 원찰(능사, 陵寺)과 같았던 향당산석굴에도 적지 않은 영향이 미쳤던 것으로 추정된다.

서방극락정토의 구현

남향당산석굴 1굴과 2굴은 중심탑주식 석굴로, 서방정토변상 장면이 있다. 우주의 어느 곳이든 정토가 아닌 곳이 없다는 관념에 따라 서방에도 정토세계가 있으며, 그 세계는 아미타불이 주관한다고 생각하였다.

서방에 있는 정토이니 '서방정토'이고, 아미타불이 계시기 때문에 '아미타정토'라고 한다. 서방정토신앙은 북위 때 담란(曇鸞)의 『왕생론(往生論)』이 유포되면서 중국에서 발전한다. 담란의 뒤를 이어 산서성 태원(太原)을 중심으로 활동한 도작(道綽)은 일곱 살 이상이면 모두 아미타불을 외울 정도로 유행시켰고, 용문석굴 봉선사동 조성에 참여한 선도(善導)에 이르러서는 수도 장안이 중심이 되어 정토신앙이 유행하게 된다. 이러한 흐름에서 보면, 남향당산석굴의 서방정토변상은 태원에서 활동했던 도작의 정토신앙이 장안으로 전개되는 과정에서 그 길목에 있던 고산에서 표현된 것이라고 할 수 있다.

사실 7세기에 들어와 불상의 명문에서 "무량수불상(無量壽佛像)"이라는 표현보다 "아미타불상(阿彌陀佛像)"이 훨씬 많이 확인되는 것은 "나무아미타불관세음보살"이라고 하는 칭명염불(稱名念佛)의 유행과 관련된다. '나무(南無)'는 이후 나무석가모니불이나 나무지장보살 등 존

남향당산석굴 1굴

격을 가리지 않고 사용될 정도로 유행하였다. '나무'는 원래 산스크리
트어 '나마스(namas)'에서 음차한 것으로, 일반적으로 존경하는 대상의
이름을 부를 때 그 앞에 붙이는 접두어다.

　아미타불과 아미타정토에 관해 서술한 경전은 정토삼부경(淨土三
部經)이라고 하며, 『무량수경』, 『아미타경』, 『관무량수경』이 있다. 앞의
두 경전은 인도에 산스크리트어 원전이 있지만, 『관무량수경』의 원전
은 없다. 『무량수경』은 아름다운 극락정토에 대한 묘사와 함께 아미타
불의 도움 없이 스스로의 힘으로 극락정토에 태어날 수 있다고 설명한

다. 『아미타경』도 극락정토를 찬미하는 한
편, 아미타불의 이름을 부르면 극락에 왕
생할 수 있다고 한다.

　1굴의 서방정토변상부조는 굴문 안쪽
(전벽) 위에 있으며, 2굴의 중심주 위쪽에 있
던 서방정토변상부조는 떼어져 나가 현재
워싱턴의 프리어 미술관에 전시되어 있다.

　남향당산석굴의 아미타정토변상부조
는 사천성에서 발견된 남조 양나라 때의
변상부조와 많이 닮았다. 사실 중국의 서
방정토신앙은 남조에서 시작되었다고 할
수 있다. 동진의 혜원(慧遠)은 402년에 『반
주삼매경(般舟三昧經)』에 의거하여 관상(觀

변상부조
64x120cm, 남조 양나라

像)의 대상인 아미타불상을 조성하고 결사(結社)를
구성하여 염불 삼매의 힘으로 함께 서방정토에 왕생하기를 기원하였
다.[5] 이 정토변상 외에 향당산석굴 불상에 보이는 남조와 동남아시아의
양식적인 특징은 북제와 이들 지역과의 활발했던 교류 관계에서 비롯
되었다고 생각된다.[6]

　한편 북위 때 만든 용문석굴에 서방정토왕생과 관련되는 명문이
남아 있고, 서위 때 조성된 맥적산석굴 127굴 서방정토변상도에서도
서방극락정토에 대한 표현이 확인된다. 그러나 『관무량수경』에 근거
하여 구품왕생(九品往生)을 표현한 것은 안양(安陽)의 소남해(小南海)석굴
과 남향당산석굴 등에서 처음 나타난다. 분명한 것은 이들 중원지방
의 구품왕생 장면이 둔황 막고굴보다 앞서 출현한다는 점이다. 막고굴

220굴 등에 보이는 관경변상 장면들은 적어도 당대 이후에 조성된 것들이다. 구품왕생의 도상은 산서성에서 하북성, 하남성으로 전해져 다시 서쪽 둔황 막고굴까지 영향을 주었던 것으로 보인다.

1굴의 정토변상부조에는 팔공덕수(八功德水) 중심의 좌우대칭적 구도를 한 2굴과 달리, 아미타불상을 중심으로 그의 권속들이 좌우에 대칭적으로 배치되어 있으며, 불상 밑쪽에는 팔공덕수가 표현되어 있다. 『칭찬정토불섭수경(稱讚淨土佛攝受經)』에 기록된 팔공덕수는 고요하고 깨끗하며, 차고 맑으며, 맛이 달고 입에 부드러우며, 마시면 마음이 편안해지고 화평해지며, 기갈 등의 근심을 제거해 주는 등 여덟 가지의 공덕을 갖춘 물이라고 한다. 우리나라에서는 절에서 마시는 약수를 팔공덕수로 비유한다. 팔공덕수와 연화 화생 장면은 죽은 사람이 서방 정토에 태어날 때 화생하던 구품연지(九品蓮池)로 표현된다. 원만한 공덕을 쌓은 상품상생자(上品上生者)는 죽는 즉시 왕생하여 아미타불과 보살을 만나는데, 여기서는 활짝 핀 연꽃으로 그것을 연출하였다. 나머지 사람들은 좋은 일을 얼마나 많이 하느냐에 따라서 하룻밤이나 하룻낮과 밤, 혹은 12겁이라는 오랜 세월이 걸려서 왕생하기 때문에 반쯤 핀 연꽃이나 사람의 머리만 내밀고 있는 연꽃, 혹은 아직 피지 않는 연꽃 등으로 구분하여 표현되었다.

우리가 살면서 볼 수 있는 사생(四生) 중 물고기의 습생(濕生)이나 새의 난생(卵生), 인간의 태생(胎生)과 같은 모습은 여기서 찾아볼 수가 없다. 서방정토에서는 심청이가 그랬듯이 오직 연꽃에서 태어나는 화생(花生)만 있을 뿐이다. 어떻게 보면 명문으로 구품 왕생을 새기진 않았지만, 이러한 조형적인 모습이 언어 문자를 훨씬 초월한 경지의 표현법이라고 생각된다.

소남해석굴 구품왕생 부분
사진 중앙 상단에 '상품'이라는 글자와 그 옆으로 관 위에 앉아 있는 상품왕생자의 모습을 찾아볼 수 있다.

남향당산석굴 1굴 정토변상 부분
사진 왼쪽 하단에서 수영하는 사람과 연꽃에서 태어나는 사람을 볼 수 있다.

용문석굴 북시채백항정토당   용문석굴 서방정토변상감

　　남향당산석굴 1굴과 2굴이 아미타정토로의 왕생 장면이라는 것
은 이곳에서 멀지 않는 하남성 안양의 소남해석굴 서굴(西窟)에 새겨져
있는 정토 장면을 통하여 알 수 있다. 양 지역은 모두 산서성 태원에
서 하남성 낙양으로 이어지는 교통로에 위치하고 있어서 7세기 후반
에 조성된 낙양의 용문석굴 북시채백항정토당(北市綵帛行淨土堂)이나 서
방정토변상감(西方淨土變相龕), 고평군왕동 등에 도상적인 영향을 주었던
것으로 보인다. 소남해석굴은 중굴(中窟) 문위에 새겨진 「방법사루석판
경기(方法師鏤石板經記)」를 통해 550년에 영산사(靈山寺)의 방(方)법사가 석
굴을 조성하기 시작하여 555년에 승조(僧稠)선사가 완성하였다는 것을
알 수 있다.[7] 소남해석굴 중굴 서벽에는 서방극락정토 왕생 장면을 증
명이라도 하듯이 "상품왕생(上品往生)", "상품중생(上品中生)", "상품하생
(上品下生)", "오백보루(五百寶樓)", "팔공덕수(八功德水)" 등의 명문이 새겨
져 있다.

프리어 미술관 벽면에 걸려 있는 2굴의 서방정토변상부조를 보면서, 미국 사람들은 그들이 생각하는 천국과 이 서방정토에 대하여 어떻게 생각할까?

구품왕생의 완성

향당산석굴은 중원 지방에 조성된 석굴 중에서 가장 다양한 모습을 보여 준다. 북향당산석굴 윗부분의 인도식 불탑과 중심탑주식 석굴, 입구의 인도식 기둥, 신체 윤곽이 그대로 드러나는 남방적인 보살상의 양식이 그것이다. 이러한 특징들은 인도나 동남아시아, 남조와의 연관성을 짐작하게 한다. 그렇다면 남향당산석굴의 서방정토변상도 그 원류가 남조에 있었던 것인지도 모른다. 서방정토변상은 남조 송나라에서 강량야사(畺良耶舍)가 번역한 『관무량수경』의 16관(觀)과 관련될 가

시후쿠지(西福寺) 관경변상도
비단에 채색, 202.8cm×129.8cm
『관무량수경』의 12관을 찾아볼 수 있다.

능성이 높다.

『관무량수경』에 의하면, 왕사성의 빔비사라(頻毘娑羅)왕과 위데히 (韋提希)왕비는 아들 아사세(阿闍世)태자에게 감금되었다. 이에 왕비는 그 고통에서 벗어나기 위하여 석가모니 붓다에게 도움을 청한다. 붓다는 시방의 여러 정토 중에서 하나를 선택하게 하는데, 왕비는 서방 아미타정토를 택한다. 석가모니 붓다는 그 정토에 왕생하는 방법으로 16관(觀)을 제시한다. 여기서의 관은 삼매를 말한다. 즉 해나 물, 나무 등 서방정토의 16가지 모습을 관(생각)하면서 간절히 그곳에 태어나기를 소원하며 수행하는 것이다. 16관은 극락정토의 아름다운 모습을 관상하는 제1관부터 제7관 ─일상관(日想觀), 수상관(水想觀), 지상관(地想觀), 수상관(樹想觀), 보지관(寶池觀), 총관(總觀), 화좌관〔華座觀, 보루관(寶樓觀)〕─, 극락 정토를 주재하는 아미타불과 관세음보살, 대세지보살의 모습을 관상하는 제8관부터 제13관 ─상상관(像想觀), 색신관(色身觀), 관음관(觀音觀), 세지관(勢至觀), 보관(普觀), 잡상관(雜像觀)─, 왕생자가 근기(根機)에 따라 극락왕생하는 장면을 관상하는 제14관부터 제16관 ─상배관(上輩觀), 중배관(中輩觀), 하배관(下輩觀)─으로 구분된다. 왕생자의 극락이 서방정토에 왕생하는 데 걸리는 시간은 쌓은 공덕에 따라 상품상생(上品上生), 상품중생(上品中生), 상품하생(上品下生), 중품상생, 중품중생, 중품하생, 하품상생, 하품중생, 하품하생 등 9개의 품차(品次)로 나뉜다.

흥미로운 것은 『관무량수경』의 무대가 인도의 왕사성이긴 하지만, 정작 인도에서는 구품왕생신앙이라는 관념을 찾아볼 수가 없다는 점이다. 하나의 경전은 찬술되기까지 첨삭의 과정을 여러 곳에서 몇차례 겪게 된다. 따라서 경전이 완성되는 곳은 처음 시작된 곳과 그 성격이 다소 다를 수가 있다. 이 경전도 그러한 범주에 속한다. 위데히 왕

성덕대왕 신종
771년. 국립경주박물관 소장

비와 관련되는 이야기의 루트를 추적해 나가면 그것이 남인도지방에서 동남아시아로, 다시 중국 남쪽 지방으로 이어지고 있다는 것을 알게 된다.

서방정토왕생을 아홉 개의 품차로 구분한 것은 어디서 시작되었을까? 중국에는 숫자 9에 대한 오랜 전통이 있다.[8] 이미 한나라 때의 『회남자(淮南子)』와 『산해경』에서 보이기 시작하며, 3세기부터는 '9'에 대한 관념적 기초가 확립되고, 5세기 초에 찬술된 『구천생신장경(九天生神章經)』에 이르러서는 구천(九天)의 개념으로 자리 잡게 된다.[9] 중국에서의 9라는 숫자의 전통, 아홉 개로 차등을 둔 하늘나라에 대한 관념이, 구품연지의 관념적인 기초가 되었던 것이다.

구품연지에 대한 관념이 우리나라에서도 당연히 있었다. 익히 알려진 고려 시대 관경변상도 외에 신라 725년에 조성된 상원사 종이나 771년의 성덕대왕 신종의 연곽대에서 일찍부터 그러한 모습이 확인된다. 연곽대 속의 연꽃 봉오리들은 네모난 연못 속에서 아홉 개의 연꽃 봉오리가 피어 나오는 것을 연상하게 한다. 동종은 고대 절에서 사고(四鼓: 종, 북, 목어, 운판)의 하나로, 삼라만상의 생명들에게 깨달음을 주기 위하여 치는 불구(佛具)다. 동종의 이러한 도상이 정토삼부경과 직접적으로 관련되는지는 알 수 없으나, 그곳에 표현된 아홉 개의 연꽃 봉오리를 구품 연지의 연꽃으로 보면 어떨까?

1 『續高僧傳』卷9,「隋彭城崇聖道場釋靖嵩傳」, T. 50, No. 2060, p. 501중.

2 배진달(배재호),『중국의 불상』, 일지사, 2005, p. 172.

3 水野淸一・長廣敏雄,『響堂山石窟』, 京都: 東方文化學院 京都硏究所, 1937; 曾布川寬,
   「響堂山石窟考」,『東方學報』62(京都, 1990), pp. 165-207; 顔娟英,「北齊禪觀窟的圖
   像考-從小南海到響堂山石窟」,『東方學報』70(京都, 1998), pp. 375-440; Katherine
   R. Tsiang, "The Xiangtangshan Caves: Buddhist Art and Visual Culture in the
   Northern Qi Dynasty," Echoes of the Past: The Buddhist Cave Temples of Xiang-
   tangshan, Smart Museum of Art; The University of Chicago; Arthur M. Sackler
   Gallery; Smithsonian Institution, 2010.

4 배진달(배재호),『중국의 불상』, p. 181, 주. 125.

5 『往生西方淨土瑞應傳』, T. 51, No. 2070, p. 104상;『高僧傳』卷6,「釋慧遠」, T. 50, No.
   2059, pp. 357하-361중.

6 남향당산석굴 뿐만아니라 북제 불상에서는 남조와 남조를 통한 동남아시아적인 요소
   도 확인된다. 정예경,『중국 북제・북주 불상 연구』, 혜안, 1998.

7 勝木言一郎,「小南海石窟中窟の三佛造像と九品往生圖浮彫に關する一考察」,『美術史』,
   139(vol. 45, no. 1, 1996. 2), pp. 68-86; Howard, A. F., "Buddhist Cave Sculpture
   of the Northern Qi Dynasty: Shaping a New Style, Formulating New Iconogra-
   phies," Archives of Asian Art, 49(1996), pp. 6-25; 李裕群,「關于安陽小南海石窟的幾
   個問題」,『燕京學報』新6期(1999. 5), pp. 161-181; 顔娟英,「北齊禪觀窟的圖像考-從小
   南海石窟到響堂山石窟」, pp. 375-440.

8 왕생하는 곳을 9개로 나눈 것은『상서(尙書)』「우공(禹貢)」에 기록된 중국의 전통적인
   아홉 지방과 관련된다고 보는 견해도 있다. Elizabeth ten Grotenhuis, "Nine Places
   of Birth in Amida's Western Pure Land,"『佛教美術史研究における「圖像と樣式」』, 國
   際交流美術史研究會 第14回國際シンポジアム, 1995, pp. 49-68.

9 Elizabeth ten Grotenhuis, "Nine Places of Birth in Amida's Western Pure Land,"
   pp. 52-59.

13
──
보정산석굴

불교에서 효를 찾다

중국불교와 효

어떤 종교에서도 무시할 수 없는 것이 바로 효(孝)다. 종교의 주체가 인간이고, 인간 관계의 기본이 효이기 때문이다. 유교는『효경(孝經)』에서, 도교는『문창효경(文昌孝經)』에서, 불교는『부모은중경(父母恩重經)』에서 효를 강조하고 있다.[1]

불가(佛家)에서는 출가하면 부모가 주신 머리카락을 무명초(無明草)라고 여겨 잘라 낸다. 머리카락을 자르면서 속세와의 인연을 끊는 것이다. 하지만 이는 유교에서 강조하는 인간된 도리나 도교에서 말하는 자연 섭리에 따라 순응하면서 사는 것과는 다른 것으로, 유교적인 입장에서는 불효를 저지르는 일이다.

그런데 어떤 사람들은 돌아가신 부모님의 은혜를 보답하는 방법으로 출가를 선택하기도 하였다. 명나라의 운서주굉(雲棲袾宏, 1535~1615) 선사는 서른 살이 되던 해 부모님이 돌아가시자 이미 결혼한 몸이었지만, 부모님께 받은 은혜를 갚기 위하여 출가하였다고 한다.[2]

석가모니 붓다는 속세와의 인연을 끊어 버리고 깨달음을 구하기 위하여 출가하였다. 붓다의 가르침에는 항상 '참 나'가 있었다. 출가한 승려들은 오로지 자신의 깨달음을 위하여 정진하였으며, 속세에서 맺은 가족이라는 인연보다 승가의 부모와 형제들을 중요하게 여겼다. 승려들은 함께 수행하는 사람을 도반(道伴)이라고 하였는데, 이는 같은 길을 가는 동반자라는 뜻으로, 살아가는 데(道) 반(伴) 이상의 도움을 주는 사람이라는 의미다.

과거의 승려들은 출가 후 길에서 부모를 우연히 만나면 절을 하지 않았을 뿐만 아니라 도리어 부모가 자식인 승려에서 예를 올렸다. 심지

보정산석굴

어 부모님이 죽어도 장례식마저 참석하지 않았다. 유교적인 교육을 받았던 중국 황제들은 이러한 행동을 이해할 수도, 용납할 수도 없었다. 그리하여 비록 출가한 승려라고 하더라도 부모에게 예를 올릴 것을 법으로 규정하기도 하고, 이를 어긴 승려들을 참수하기도 하였다.

사회적 분위기가 이런 조건에서 불가에서도 효를 결코 도외시할 수만은 없었다. 남북조 시대의 격의불교니 황제즉당금여래(皇帝則當今如來)니 하는 것은 유교 체제 속에서 불교가 살아남을 수 있는 방법이었다. 중국 사회에 뿌리를 내리기 위해 불가에서도 효의 중요성을 강조하기 시작하였다. 『부모은중경(父母恩重經)』, 『대목련경(大目連經)』, 『우란분경(盂蘭盆經)』, 『수미사역경(須彌四域經)』, 『청정법행경(淸淨法行經)』 등은 효의 중요성을 강조하는 중국 사회의 분위기에 맞춰 찬술된 경전들이다. 이들 경전은 부모님의 은혜가 얼마나 소중한지 알려 주고 있으며, 반드시 그 은혜를 갚아야만 한다는 것을 역설하고 있다.

이 중 『부모은중경』에는 석가모니 붓다가 왕사성 남쪽으로 가던 중 유골〔고골(枯骨)〕을 보고 절을 올리는데, 혹시 이것이 전생의 조상일지 모르기 때문이라고 기록하고 있다. 석가모니 붓다의 전기, 불전담에서는 전혀 찾아볼 수 없는 내용이다. 경전에서는 무거운 죄를 지은 부모라고 할지라도 자식들이 경전의 게송을 잘 익혀 마음에 새기면 그 죄가 소멸된다고 하였고, 부모의 은덕에 보답하는 것을 당연한 효행에 비유하고 있다.

목련존자의 효성

자식치고 부모를 생각하지 않는 사람은 없다. 붓다의 제자들도 그랬다. 그중에서도 목련존자(目連尊者)는 단연 최고의 효자였다. 목련존자에 관한 이야기는 많이 구전되어 왔으나 도상적으로 표현된 예는 그리 많지 않다. 그러나 불교와 '효'를 이야기할 때 목련존자의 이야기를 하지 않을 수 없다. 그 이야기를 가장 설명적으로 표현한 것이 안서(安西) 유림굴 19굴에 있다. 19굴 그림의 경전적인 배경에 대해서는 여러 가지 견해가 있지만, 대체로 『대목련경』과 『우란분경』이라고 볼 수 있다.[3] 내용인즉슨 이렇다. 부상장자와 청제부인의 아들 나복은 화목하고 부유한 가정에서 자랐다. 아버지가 죽은 뒤 재산을 삼등분하여 한 몫은 삼보(三寶) 공양과 아버지 제사에 사용하고, 한몫은 어머니의 생활비로 드리고, 마지막 한몫은 장사 밑천으로 삼아 어머니를 홀로 두고 돈을 벌기 위하여 먼 길을 떠난다. 아들이 떠나자 어머니는 삼보공양은커녕 탁발하러 오는 승려들을 몽둥이로 두들겨 패는 등 방탕한 생활을 하였고, 아버지 제사를 한 번도 모시지 않았다. 세월이 지나 많은 돈을 번 나복이 돌아오자, 어머니는 그동안 검소하게 생활하고 삼보를 성심으로 공양한 척하였다. 하지만 어머니 청제부인은 거짓말을 한 죄로 나복이 집으로 돌아온 지 일주일 만에 죽는다. 나복은 어머니가 거짓말한 것은 모르고, 좋은 일을 많이 하였으니 정토에 태어났을 것이라고 믿었다.

　　그 후, 나복은 출가하여 석가모니 붓다의 제자가 되었다. 목련이라는 이름을 가지고 출가한 나복은 끊임없는 수행 끝에 천상계부터 지옥계까지 두루 볼 수 있는 신통력을 갖추게 되었다. 목련은 돌아가신

안서 유림굴 19굴 목련존자 이야기

① 부모님이 돌이기심
② 목련존자가 상례를 치르며 효를 다함
③ 천궁에서 아버지를 찾음
④ 염라대왕 처소를 지나감

⑤ 오도장군 처소에 이름
⑥ 여러 지옥을 지나감
⑦ 지옥이 정토로 바뀜

부모님이 어느 정토에 계시는지 궁금하여 자신의 신통력으로 살펴보았는데, 아버지는 천상에서 찾았으나 어머니는 찾을 수가 없었다. 혹시나 하는 마음으로 축생계(畜生界)와 아귀계(餓鬼界), 지옥계를 살펴보던 중, 아비지옥(阿鼻地獄)에서 고통 받고 있는 어머니를 발견한다. '아비'는 '쉬지 않는다'는 뜻으로, 아비지옥을 쉴 틈 없이 고통을 당하는 지옥, 즉 무간지옥(無間地獄)이라고도 한다. 목련은 그제서야 어머니가 어떤 죄로 지옥에 떨어졌는지 알게 되었지만, 고통받고 있는 모습을 보고 참을 수가 없었다. 결국 목련은 스승 석가모니 붓다의 도움을 받아 어머니를 구할 수 있는 방법을 찾아내게 된다. 음력 7월 15일에 우란분재(盂蘭盆齋)를 올리는 것이었다. 하안거(夏安居)가 끝나는 이 날, 여러 가지 음식을 마련하여 승려들에게 공양하고 재를 지내는 것이다.

우란분재는 『우란분경』에 근거하여 지낸다. 우란분은 '거꾸로 매달리는 고통'이라는 뜻의 '울람바나'에서 유래되었다. 경전에 의하면, 보통 사람들이 죄를 지어 지옥으로 올 때, 지옥의 문으로 들어오는 것이 아니라 위에서 거꾸로 떨어진다고 한다. 우란분재의 시작은 목련이 아비지옥에 빠진 어머니를 구하고자 삼보와 승려들에게 공양하던 것에서 비롯되었다. 이 날을 도교에서도 중원일(中元日)이라고 하여, 인간의 죄를 용서해 주는 지관대제(地官大帝)가 인간 세상에 내려와 사람들의 죄를 씻어 주는 날이라고 생각하였다.

기록에 보면 우리나라에서도 고려 시대부터 우란분재를 지냈다고 한다. 그러나 우란분재와 직접적으로 관련되는 불교미술은 찾아볼 수가 없으며, 다만 그러한 배경에서 조성되었다고 추정되는 조선 시대의 감로탱(甘露幀)이 전해 내려온다. 그림에는 지옥도나 아귀도에 빠진 중생들이 하늘에서 내리는 감로를 받아먹으면 극락정토에 태어날 수

감로탱
183x184cm, 1681년, 우학문화재단 소장

있다는 내용이 그려져 있다. 대부분의 그림에서 아귀도의 아귀로 태어
난 목련존자의 어머니 청제부인이 화면 중단에 그려져 있고, 윗부분에
는 청제부인을 구하기 위하여 불보살들이 내려오고 있는 장면이 표현
되어 있다. 화면의 아랫부분에는 감로탱이 조성되던 당시 사람들의 생
활상이나 지옥의 모습이 그려져 있다.

보정산석굴의 조성

보정산석굴은 사천성 대족(大足)에서 동북쪽으로 15km 떨어진 곳에 위치하고 있다.⁴ 석굴은 류본존(柳本尊)의 영향을 받은 남송의 승려 조지봉(趙智鳳)에 의해 1174년부터 1252년 사이에 조성되었다. 여기에는 송대에 조성된 30여 개의 굴과 약 2,000존의 불상이 있다. 석굴은 류본존과 관련되는 것과 여러 경전의 변상부조로 구성되어 있다. 류본존은 880년에 발생한 황소의 난으로 사회가 혼란해지자 886년부터 939년까지 수련을 통하여 많은 사람들을 교화하였는데, 심지어 촉왕(蜀王) 왕건(王建)은 당유가부주총지왕(唐瑜珈部主總持王)이라는 호를 그에게 내리기도 하였다. 변상부조들도 정통 불교적인 면보다 민간신앙적인 요소를 많이 갖고 있는 것이 특징이다.⁵ 변상부조는 비로자나불상과 문수보살상, 보현보살상으로 구성된 화엄삼성상(華嚴三聖像), 열반상, 지옥상, 관무량수경변상, 목우도(牧牛圖) 등이 있다.

보정산석굴의 열반상

보정산석굴 류본존 조상

　　보정산석굴의 변상부조는 중국불교조각사에서 갑자기 나타난 듯
한 독특한 모습을 하고 있다. 석굴에서 멀지 않는 사천성 성도(成都)는
중국 서남부 지방의 문화를 주도하던 곳이었다. 과거 익주(益州)라 하
였던 이곳에서 많은 그림이 그려졌다는 것은 1005년 북송의 황휴복(黃
休復)이 펴낸『익주명화록(益州名畵錄)』에서 알 수 있다. 기록을 통해 이
곳에서 활동하던 중원 지방 출신의 수준 높은 화가들이 그렸던 변상도
도 볼 수 있는데, 보정산석굴의 변상부조들은 바로 익주에서 그려졌던
변상도의 영향과 류본존 , 조지봉으로 이어지는 불교신앙의 결합을 통
하여 가능한 것이었다.

　　보정산석굴이 사이비 불교미술로 보이는 것은 민간 신앙적인 것

이 포함되어 있기 때문이다. 대표적인 예로 류본존 조각이 있는데, 한 인간에 불과했던 그를 비로자나불상과 어깨를 나란히 할 정도의 크기로 조성하였다는 것이다. 정통 불교미술에서는 감히 있을 수 없는 일이다. 또한 보정산석굴에서 효를 주제로 하는 부모은중경변상도와 대방편불보은경변상도(大方便佛報恩經變相圖), 뇌음도(雷音圖), 육모도(六耗圖) 등이 표현되는 것도 민간 신앙과 결부된 이 석굴만이 지닌 특징이다.

부모은중경변상

부모님의 은혜를 강조하는 불교 경전은 아마 유교에서 효의 중요성을 강조한 『효경』의 영향을 받았을 가능성이 높다. 그러나 『효경』이 귀족 등 상류사회를 중심으로 유행하였다면, 『부모은중경』은 일반 사람들이 접할 수 있는 경전이었다. 보정산석굴의 부모은중경변상부조는 글을 읽지 못하는 사람들을 교화할 목적에서 조성된 훌륭한 시각교육자료이고, 『부모은중경』의 내용을 조각으로 표현한 유일한 예일 것이다.[6]

당나라에서 찬술된 위경(僞經)인 『부모은중경』에는 어머니의 임신에서부터 양육에 이르기까지 10가지의 은혜를 열거하고 있다.

첫째, 임신하여 몸가짐을 조심하는 것에 대한 은혜[제일회침수호은(第一懷耽守護恩)], 둘째, 출산에 임박해서 고통을 느끼는 것에 대한 은혜[제이임산수고은(第二臨産受苦恩)], 셋째, 출산 전의 불안과 근심이 출산으로 인해 기쁨으로 바뀌지만 여전히 고통을 받는 것에 대한 은혜[제삼생자망우은(第三生子忘憂恩)], 넷째, 쓴 것은 삼키고 단 것은 뱉어서 먹여 주신 은혜[제사인고토감은(第四咽苦吐甘恩)], 다섯째, 진자리를 피하고 마른자리를 골

보정산석굴 부모은중경변상부조

라 편안한 잠자리를 마련해 주신 은혜[제오회건취습은(第五廻乾就濕恩)], 여섯째, 젖을 먹이며 사랑으로 양육하신 은혜[제육유포양육은(第六乳哺養育恩)], 일곱째, 깨끗이 씻어 키워 주신 은혜[제칠세탁부정은(第七洗濯不淨恩)], 여덟째, 어느덧 자식이 자라 집을 떠날 때 걱정해 주신 은혜[제팔원행억념은(第八遠行憶念恩)], 아홉째, 자식을 위해 악업(자식 결혼식에 사용할 소나 돼지를 죽이는 일 등)을 지으시는 은혜[제구위조악업은(第九爲造惡業恩)], 마지막 열 번째, 언제 어디서나 자식을 애처롭게 여기고 위하는 은혜[제십구경연민은(第十究竟憐憫恩)]다.[7]

보정산석굴에 새겨진 부모은중경변상부조는 모호하게 표현되던

붓다께 자식이 잘되기를 비는 모습

출산에 임박해서 고통을 느끼는 것에 대한 은혜
(두 번째 은혜)

출산 후에도 여전히 고통받는 것에 대한 은혜
(세 번째 은혜)

편안한 잠자리를 마련해주신 은혜
(다섯 번째 은혜)

쓴 것은 삼키고 단 것은 뱉어서 먹여주신 은혜
(네 번째 은혜)와 젖을 먹여 양육해주신 은혜
(여섯 번째 은혜)

언제 어디서나 자식을 애처롭게 여기는 은혜
(열 번째 은혜)

다른 지역의 변상도와는 달리 매우 사실적이다.[8] 보정산석굴 부모은
중경변상부조는 조각상임에도 불구하고, 『익주명화록』에 기록된 변상
도나 둔황에서 발견된 6점의 북송 시대 부모은중경변상도보다 더 구체
적이다. 당시 불교도에게는 이렇게 표현하는 것이 『부모은중경』을 이
해하는 가장 쉬운 방법이었을지도 모른다.

　　우리나라에서도 『불설대부모은중경(佛說大父母恩重經)』이 출간된 예
가 있다. 그중 수원의 용주사에서 간행한 것이 가장 수준이 높다. 용주
사는 정조(正祖)가 아버지 사도세자의 무덤을 화성으로 옮기면서 원찰
로 세운 절이다. 정조는 누구보다 효를 실천한 왕으로 거의 매년 아버
지의 무덤에 행차하였고, 아버지의 정토왕생을 위하여 경전을 간행하
였다. 아버지의 능을 참배하기 위하여 행차하는 장면을 그린 화성능행
도병(華城陵行圖屛)에서 정조의 지극한 효성을 엿볼 수 있다.

　　『불설대부모은중경』은 불교 경전임에도 유교에서 중시하는 효 사
상을 강조하고 있을 뿐만 아니라
절에서 출간되었다는 점에서 아이
러니해 보이기도 한다. 경전의 내
용 대부분은 중국에서 찬술된 『부
모은중경』과 비슷하지만, 주요수
미(周繞須彌)의 내용이 첨가되어 있
는 것이 특징이다. 주요수미는 부
모님의 은혜가 수미산과 비교될 정
도로 크며, 부모님을 업고 이 산을
3천 번 돈다고 하더라도 그 은혜를
다 갚지 못한다는 내용이다. 부모

불설대부모은중경의 주요수미

님의 은혜를 다 갚으면 천상계에 태어날 수 있지만 그렇게 못한다면, 아비지옥에 떨어져서 고통을 당하게 된다고 한다. 경전은 우리나라 용주사에서 간행되었어도 그 내용은 인도의 왕사성을 배경으로 하고 있는데, 이는 경전에 정통성을 부여하기 위함이다.

대방편불보은경변상과 뇌음도

효의 중요성을 강조한 나머지, 석가모니 붓다가 효를 실천하는 주인공으로 등장하는 경전이 찬술되기에 이른다. 『대방편불보은경』이 그것이다. 이 경전에는 15개의 본생담과 인연이야기가 있다. 보정산석굴에도 폭 14.7m, 높이 7m의 대방편불보은경변상 장면이 새겨져 있다. 그런데 보정산석굴 변상에 보이는 12개의 이야기 중에는 이 경전과 관련되는 것이 6개밖에 없다. 나머지는 주존 석가모니불상(대방편불상)의 좌측에 있는 사신제호(捨身濟虎)와 우측에 있는 인지수행사신구법(因地修行捨身求法)과 같이 본생도를 포함하고 있다. 따라서 이 변상 장면은 엄밀하게 말해서 대방편불보은경변상이라기보다 석가모니 붓다의 효행 장면을 모아 둔 것이라고 볼 수 있다.[10] 여기에는 석가모니 붓다가 병든 아버지 숫도다나왕을 간호하거나 아버지가 돌아가시자 직접 관을 짊어지고 간다는 내용이 있다. 이들 이야기 속에는 아무리 석가모니 붓다라고 하더라도 그 또한 자식이기 때문에 효를 다해야 한다는 중국인들의 유교적인 관념이 녹아 들어가 있지만, 기존 불교적 관점에서 본다면 매우 충격적인 변화다.

보정산석굴

대방편불상

이 경전에는 일반 사람들이 실천한 효행의 사례도 들어가면서 부모님의 은혜가 소중하다는 것을 강조하고 있다. 즉 『대방편불보은경』 「효양품(孝養品)」의 수자타태자가 자신의 살갗을 베어서 부모님을 공양하거나 「논의품(論議品)」의 인욕(忍辱)태자가 자신의 눈알을 빼내고 골수를 뽑아 병든 부모님에게 약으로 드시게 한다는 이야기는 대표적인 예다.

한편, 뇌음도는 3천 가지의 죄 중에서 불효한 죄가 가장 무겁다는

숫도다나왕(정반대왕)의 사리탑이라는 명문

석가모니 붓다가 아버지의 관을 짊어지고 가는 모습

수자타태자가 살갗을 베어서 부모님에게 공양하는 모습

것을 강조하고 있다. 효를 실천하지 않으면, 살아 있을 때에는 벼락을 맞고, 죽어서는 지옥에서 떨어져 끓어오르는 구리용액을 마시는 고통을 당한다고 한다. 뇌음도에는 바람, 구름, 번개, 천둥, 비 등이 화면의 윗부분에 표현되어 있고, 그 아래에는 불효한 두 사람이 번개를 맞아 불타 죽는 장면이 있다. 뇌음도의 바람신은 바람주머니를 들고 있으며, 주머니를 열고 닫음으로써 바람의 크기를 조절한다고 생각하였다. 우리나라 단군신화에도 환웅이 인간 세상으로 내려올 때 우사(雨師)와 운사(雲師), 풍백(風伯)이 함께 왔다는 내용이 있다. 우사는 비를 주관하는 신이며, 운사는 구름신이고, 풍백은 바람신이다. 보통 우사는 용으

보정산석굴

뇌음도의 전모신

로 표현되는데, 뇌음도에서는 전모신(電母神)과 같은 신의 모습을 하고 있다. 육모도 또한 경전적인 근거를 찾을 수는 없지만, 부모님의 은혜를 갚지 못하고 죽으면 지옥에 떨어져 간수들에게 핍박받게 된다고 설명한다.

정통 불교의 시각에서 보면, 이것이 한낱 사이비 불교미술에 지나지 않지만, 어떤 면에서는 보정산석굴이야말로 중국 사람들의 정서를 가장 잘 반영한 조각이라고 할 수 있다. 난해한 경전의 내용을 보다 쉽게 보여주기 위한 것이 불교미술이라면, 매우 성공적인 셈이다.

1   胡良學,「大足石刻"孝"文化硏究」,『2005年重慶大足石刻國際學術硏討會論文集』(重慶大足石刻藝術博物館 編, 北京: 文物出版社, 2007), pp. 318-344.

2   운서주굉의 사상은 그가 찬술한 책을 통하여 알 수 있다. 운서주굉(光德 역주),『禪關策進』, 불광출판부, 1981.

3   樊錦詩·梅林,「楡林窟第19窟目連變相考釋」,『段文傑敦煌硏究五十年紀念文集』(敦煌硏究院 編, 北京: 世界圖書出版公司, 1996), pp. 46-55.

4   洪惠鎭,「四川大足寶頂摩崖造像的若干問題」,『美術史論』, 1985-1, pp. 39-51; 李巳生,「寶頂山石窟寺」,『美術硏究』, 1985-4, pp. 80-82; 安藤智信,「寶頂山石刻硏究序說」,『大谷大學史學論究』1(1987. 12), pp. 39-60.

5   郭相穎,「從大足石刻看佛敎中國化及民間信仰特點」,『大足石刻硏究文集』3(2002), pp. 58-66.

6   보정산석굴의 부모은중경변상과 둔황에서 발견된「佛說父母恩重經講經文」과의 영향 관계에 대하여 다룬 글도 있다. 孫修身,「大足寶頂與敦煌莫高窟佛說父母恩重經變相的比較硏究」,『大足石刻硏究文集』4(2002), pp. 268-305.

7   우리나라에서 5월 8일 어버이날에 부르는「어버이 은혜」의 노랫말이 경전의 내용과 닮은 것도 흥미로운 일이다.

8   龍晦,「大足佛敎石刻〈父母恩重經變相〉跋」,『世界宗敎硏究』, 1983-3, pp. 16-25; 胡文和,「大足寶頂〈父母恩重經變〉硏究」,『敦煌硏究』, 1992-2, pp. 11-18.

9   菊竹淳一,「大足寶頂山石刻の說話的要素」,『佛敎藝術』159(1985. 4), pp. 77-90.

10 謝生保,「從《睒子經變》看佛敎藝術中的孝道思想」,『大足石刻硏究文集』3(2002), pp. 269-272.

14

―

안서 유림굴 3굴

서하에서 중원 문화를 만나다

타클라마칸 사막   뤄부 호   안서 유림굴   고비 사막

둔황

치렌 산맥   청해 호

청해성

서하 불교의 다양한 모습

흔히 불교를 대승불교와 소승불교로 나누는데, 큰 맥락에서 보면 대승이든 소승이든 모두 현교(顯敎)에 속한다. 현교란, 말 그대로 석가모니 붓다가 가르친 기본적인 계율과 교리를 드러내어 중생들을 교화하는 불교를 말한다. 현교와 대비되는 것은 밀교(密敎)다. 밀교는 '비밀불교'의 약어로 다시 잡밀(雜密)과 순밀(純密)로 나뉘는데, 잡밀은 주문(呪文)이나 손동작 등에서 나오는 주술적인 면이 강하며, 순밀은 잡밀과 대승불교, 브라흐만교가 결합하여 이론화한 것이다.

인도의 밀교가 티베트에 들어와 티베트 밀교화된 것을 장밀(藏密)이라 한다. 여기서의 '장(藏)'은 서장(西藏, 티베트)을 뜻한다. 장밀은 원나라가 티베트를 점령한 후 국교로 삼으면서 원의 대도 북경을 중심으로 유행하였다. 장밀을 중국에서는 서장에서 전해진 불교라는 뜻의 장전

유림굴 전경
사진 뒷쪽, 나무의 오른쪽 부분에 3굴이 위치한다.

불교라고 하는데, 우리에게는 라마교로 더 잘 알려져 있다.

보통 석굴은 현교든 밀교든 특정한 경전의 내용에 의하여 조성되지만, 현교와 밀교, 순밀과 잡밀 등 다양한 성격의 불교가 한데 어우러진 경우도 있다.[1] 안서 유림굴(楡林窟) 3굴이다.

유림굴은 감숙성 안서현(安西縣)에서 동남쪽으로 약 75km 떨어진 곳에 위치하고 있다.[2] 석굴은 타스하(踏實河)라는 작은 강의 동서 양안에 42개 굴로 구성되어 있으며, 대략 당대부터 원대까지 개착되었다. 1036년, 서하(西夏) 왕 이원호(李元昊)가 과주(瓜州, 안서)와 사주(沙州, 둔황)를 점령하면서 석굴 조성이 활발하게 이루어진다.

중국 서북부 지방을 점령하고 있던 서하는 중원 지방의 불교뿐만 아니라 티베트의 밀교까지 수용하여 적극적으로 후원함으로써 다양한 형태의 불교가 유행하였는데, 유림굴 3굴의 벽면과 천장을 장엄한 불화 역시 이러한 서하 불교의 다양성을 적나라하게 보여 준다.

유림굴 3굴의 다양한 도상들

서하 불교의 성격을 잘 보여 주면서 유림굴 중에서 가장 수준이 높은 굴이 3굴이다. 석굴로 들어가기 위해서는 통로를 지나야 하는데, 이곳에는 서하 시대와 원나라 때 그려진 것으로 추정되는 공양인들이 있다. 청나라 때 조성된 소조상들을 제외하곤 석굴 속 천장과 벽면의 그림들은 대부분 서하 시대(989~1217)에 그려졌다.

천장에는 금강계만다라도(金剛界曼茶羅圖) 1폭이 그려져 있고, 동벽(정벽)에는 열반도, 항마도, 불전도, 십일면천수관음보살도(十一面千手觀音

유림굴 3굴 51면천수관음보살도

菩薩圖), 51면천수관음보살도가 있다. 특히 51면천수관음보살도에는 밭을 갈고, 장사하며, 술을 만들고 있는 서하 사람들의 생활상이 그려져 있어서 주목된다. 북벽에는 천청문경변상도(天請問經變相圖)와 오방불만다라도(五方佛曼茶羅圖), 금강계만다라도(金剛界曼茶羅圖)가 그려져 있다.

현장이 번역한 『천청문경』은 석가모니 붓다가 기원정사에 있을 때 천신이 찾아와서 제기한 질문과 그것에 대하여 답변한 내용을 정리한 것이다. 내세에 복을 받기 위해서는 착한 일을 많이 해야 한다는 설법과 함께, 거친 말을 잘 드는 칼에, 탐내는 것을 독약에, 성내는 것을

유림굴 3굴 내부와 배치도

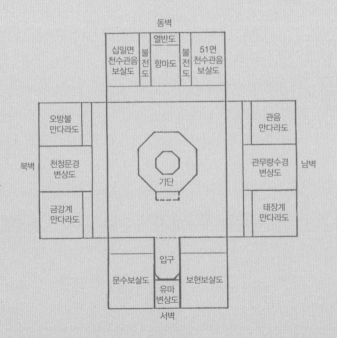

동벽

| 십일면
천수관음
보살도 | 불전도 | 열반도
항마도 | 불전도 | 51면
천수관음
보살도 |

북벽 / 남벽

오방불
만다라도   관음
만다라도

천청문경
변상도   기단   관무량수경
변상도

금강계
만다라도   태장계
만다라도

입구

문수보살도   유마
변상도   보현보살도

서벽

세찬 불길에, 그리고 어리석음을 캄캄한 어둠에 비유하고 있다.

오방불만다라도의 오방불은 금강계만다라와 태장계만다라(胎藏界曼茶羅)에 따라 다르지만, 대일여래(大日如來), 아축불(阿閦佛), 보생불(寶生佛), 아미타불, 불공성취여래(不空成就如來) 등이다. 만다라는 "회(會)"로 번역되며, 금강계만다라를 9회 만다라라고 하는 것은 9개의 방형 구획 속에 9종류의 만다라를 배열하고 있기 때문이다.

남벽에는 관무량수경변상도와 태장계만다라도, 관음만다라도(觀音曼茶羅圖)가 그려져 있다. 여성의 몸과 관련되는 태장계만다라는 부부 화합의 인연으로 인하여 천한 여인의 뱃속에서도 귀한 자식을 가질 수 있듯이 일반 사람들도 붓다가 될 수 있는 불성(佛性)을 지니고 있다고 강조한다. 한편 서벽(전벽)의 굴문 입구 위쪽에는 유마경변상도가, 굴문 양측에는 문수보살도와 보현보살도가 각각 1폭씩 그려져 있다.

천장과 벽면을 가득 채우고 있는 이들 그림들이 서로 유기적인 관계에 놓여 있다고 생각하지는 않는다. 3굴을 채우고 있는 이들 도상은 장전밀교미술인 각종 만다라와 한밀화(漢密畵, 중국화된 밀교)인 2폭의 천수관음보살도, 현교 미술로서 그저 서하 불교의 다양한 모습을 한 공간 속에 배열한 듯하다.

그러나 이들 주제 간의 주종의 구별은 가능하다. 항상 석굴에서는 가장 중요한 주제를 정벽에 두기 때문이다. 특히 3굴과 같이 다양한 내용이 함께 배열된 경우, 주제의 주종 관계를 통하여 석굴 조성의 시기를 알 수 있다. 유림굴 3굴은 정벽에 현교 미술이, 그 양측에는 한밀의 관음보살도가 표현되어 있어서 밀교보다는 현교 중심의 석굴이라고 볼 수 있다. 천장과 남북 양측의 벽면에 표현된 장전밀교미술들은 부수적인 성격을 지닌다.

태장계만다라도 부분   관음만다라도 부분

　　서하 시대에 조성된 유림굴 중에는 조성 시기를 알 수 있는 몇 개
의 굴이 있다. 17굴(1128년), 25굴(1145년), 19굴(1193년) 등이 그 예로, 현
교 미술이 밀교 미술보다, 밀교 미술 중에서도 한밀이 장밀보다 중요한
위치에 배열되어 있어서 3굴과 비슷하다는 것을 알 수 있다. 이러한 점
에서 3굴도 12세기 후반에 조성된 것으로 추정된다. 한편, 원나라 때의
유림굴은 장밀 미술이 현교 미술보다 중요한 위치에 배열된다.[3]

보현보살도

어쩌면 3굴에서 가장 존재감이 없는 그림이 문수보살도와 보현보살도

일 것이다. 이들 그림이 그려진 전벽은 석굴 속에서 가장 잘 보이지 않는 곳이기 때문이다. 원래 이들 보살은 비로자나불의 협시 역할을 하지만, 당나라 642년에 조성된 막고굴 220굴부터 감실 좌우에 그려졌으며, 그 후 유림굴 3굴에 와서는 굴문 안쪽 양옆에 놓이게 되었다.[4]

그러나 나는 3굴에서 이들 보살도만큼 중요한 것이 없다고 생각한다. 특히 보현보살도는 역사적으로나 회화사적으로 매우 중요한 작품임에 틀림이 없다. 『묘법연화경』「보현보살권발품(普賢菩薩勸發品)」의 내용을 도회한 것으로 보이는 보현보살도는 크게 인물 위주의 아랫부분과 배경이 되고 있는 산수 위주의 윗부분으로 나뉜다.[5] 화면 중앙에는 흰 코끼리 위 연화좌에 앉아서 범협(梵篋)을 쥔 보현보살이 반가 자세를 하고 있다. 보살은 보관을 쓰고 있으며, 광배가 표현되어 있다. 광배를 둘러싸고 구름이 뭉글뭉글 피어오르고 있다. 코끼리는 네 발로 연꽃을 밟고 있으며, 코끼리의 약간 뒤편엔 곤륜노(코끼리를 모는 사람)가 서 있다.

한편, 화면 중단 왼쪽에는 당나라 승려가 인도로 가서 경전을 가져오는 모습을 그린 당승취경도(唐僧取經圖)가 있다. 앞쪽에는 두광이 있는 승려가 두 손을 모으고 공손한 자세로 서 있다. 승려 뒤에는 짐보따리를 지고 가는 말 한 마리와 마노(말을 모는 사람)가 있다. 이들은 보현보살에게 무엇인가를 간절하게 기원하고 있다.

윗부분에는 웅장한 산들이 즐비해 있고, 산속에는 사원과 누각이 매우 사실적으로 그려져 있다. 치솟아 오른 산은 구획된 화면을 벗어날 정도로 대담하게 표현되었다. 이 부분만으로도 한 폭의 산수화로 보기에 충분하다. 보현보살도는 존상들의 동적인 면과 배경 산수가 주는 정적인 면이 조화를 이루어 전체적인 분위기를 이끌어 간다.

보현보살도

조원선장도 부분 비단에 채색, 북송, 개인소장

　채색이 엷게 입혀진 인물들은 철선묘(鐵線描)로 구사된 백묘화(白描畵)다. 철선묘란 먹선의 굵기가 철선과 같이 가늘고 일정한 크기로 묘사된 것이며, 백묘화란 채색을 입히지 않고 선으로만 그린 그림을 말한다. 인물들에 나타난 대단한 묘사력을 누가 구사하였을까? 비록 서하 시대 회화가 거의 남아 있지 않고, 보현보살도에도 화기(畵記)마저 없어서 누가 그려졌는지 알 수는 없지만, 이들 인물은 서하에 영향을 주었던 북송의 화가 이공린(李公麟)과 무종원(武宗元)의 작품을 연상하기에 충분하다.

　무종원의 화풍은 특히 비슷하다. 『선화화보(宣和畵譜)』와[6] 『도화견문지(圖畵見聞誌)』,[7] 『도회보감(圖繪寶鑑)』[8]에 의하면, 그는 주로 사관(寺觀, 불교의 사원과 도교의 도관) 벽화 등 종교화를 그렸다고 한다. 무종원이 얼마나 뛰어난 화가였는지는 송(宋)의 진종(眞宗) 때인 대중상부(大中祥符,

1008~1016) 년간에 옥청(玉淸) 소응궁(昭應宮) 조영을 위해 모집한 3천여 명의 화가 중에서 우두머리로 뽑힐 정도였다는 것을 통해서도 알 수 있다. 특히 조정(朝廷)의 비부아벽(比部衙壁)에 문수보현상을 그린 것이나 소철(蘇轍)이 찬미한 그의 벽화 중에서 문수화(文殊畵)와 현장화(玄奘畵)가 있었다는 기록은 유림굴 3굴의 문수보살도, 보현보살도, 당승취경도(현장도)를 연상하게 만든다.

실제로 무종원이 그린 벽화 밑그림인 「조원선장도(朝元仙杖圖)」에 보이는 인물들은 전체적인 모습과 비례뿐만 아니라 철선묘라는 점에서 3굴의 인물들과 많이 닮았다. 「조원선장도」는 6m의 두루마리 그림으로, 여러 신들이 도교의 지상신(至上神) 원시천존(元始天尊)을 알현하러 가는 장면을 그린 것이다.

당승취경 장면

당승취경도란 당나라 승려들이 불경의 원전을 구하고 성지 순례를 하기 위하여 인도로 여행하였던 것을 주제로 그린 것이다.[9] 일반적으로 현장취경도(玄奘取經圖)라고 알려져 있는 이 그림은 11세기부터 그림의 주제로 등장한다.[10] 현존하는 당승취경도는 유림굴과 둔황의 동천불동(東千佛洞) 등에 그려져 있는 6점과 하라호타[흑수성(黑水城)]에서 출토되어 러시아 에르미타쥬박물관에 소장되어 있는 1점이 있는데, 모두 서하 시대의 것이다.

화면 중단 왼쪽 언덕 위에는 서하 시대 당승취경도의 기본 구성인 당나라 승려와 경전 꾸러미를 지고 있는 백마, 원숭이 모습의 마노

당승취경도

가 표현되어 있다. 당나라 현장의 구법 여행을 주제로 삼아 그린 것이 당승취경도라면, 소설화된 것이 명대에 오승은이 쓴 『서유기(西遊記)』다. 사실 『서유기』는 당승취경에 대한 이야기를 다루고 있는 남송의 『대당삼장취경시화(大唐三藏取經詩話)』와 원나라의 『서유기잡극(西遊記雜劇)』 등을 기초로 하여 창작된 것이다.[11]

익히 알려진 이야기지만, 『서유기』에 등장하는 손오공, 저팔계, 사오정은 삼장법사를 만나 깨달음을 이루고 법사가 여행을 무사히 마칠 수 있도록 도와주는 역할을 한다. 손오공은 원숭이 나라 왕일 때, 옥황상제에게 도전하다가 500년 동안 산에 깔리는 고통의 벌을 받게 된다. 이후 삼장법사의 구원과 가르침을 받아 오공(悟空), 즉 온갖 야망을 버린 마음을 깨닫게 된다. 저팔계는 원래 저오능이라는 천계(天界)의 장군이었으나 죄를 지어 옥황상제에게 2천대의 매를 맞고 쫓겨났는데, 이때 삼장법사의 제자가 된다. 그는 돼지같이 생긴 용모와 같이 술과 여자를 좋아하는데, 그 욕심을 버리라는 뜻으로 8가지의 계율을 주어 저팔계라고 하였다. 그의 또다른 이름 오능(悟能)은 능히 계를 지키고 깨달을 수 있다는 뜻이다. 하천의 괴물, 사오정도 천계의 장군이었으나 잘못하여 옥황상제의 버림을 받은 후 삼장법사의 제자가 된다. 그의 이름 오정(悟淨)은 올바름을 깨닫는다는 뜻이다.

3굴의 당승취경도는 어떤 판본에 근거한 것일까? 저팔계와 사오정이 등장인물로 포함되어 있는 『서유기잡극』은 당승과 후행자(猴行者, 손오공)로만 구성되어 있는 3굴과는 직접적으로 관련이 없는 듯하다. 『대당삼장취경시화』의 경우, 일행이 6명이라고 기록되어 있으나 실제 이야기의 전개 과정에서 등장하는 인물은 현장과 후행자 뿐이다.[12] 남송 시대에 『대당삼장취경시화』의 간행과 민간에서 널리 유행하였던

경천사지 십층석탑 기단 부분
고려 시대 1348년, 당태종이 현장법사를 환송하는 장면

당승취경에 대한 이야기가 3굴의 보현보살도에서 자연스럽게 결합한 것이라고 생각된다.

그런데 그 넓은 중국 땅 중에서 하필 왜 이 지역에서만 당승취경도가 그려졌을까? 당승취경의 주인공인 현장에 대한 신앙이 이곳에서 특히 유행하였기 때문이다. 현장이 629년에 인도로 구법 여행을 떠날 때만 하더라도 나라의 허락을 받아야만 국경을 넘을 수 있었다. 그는 둔황을 통하여 국경을 넘고자 하였으나, 출경이 불가능해지자 안서(과주) 지방으로 발길을 옮긴다. 이때 과주자사(瓜州刺史) 이창(李昌)은 현장의 출경이 국법을 어기는 일인 줄 알면서도 그것을 허락하였으며, 그의 도움으로 현장은 무사히 여행을 마치고 645년에 귀국할 수 있었다.[13] 이후 안서 지방에서는 이창과 현장 사이에 있었던 이 아름다운 일화가 널리 퍼졌고, 이 이야기는 당승취경도가 그려지던 서하 시대까지 구전되어 내려왔다. 이러한 분위기 속에서 남송 시대로부터 전래된 『대당삼장취경시화』의 판본이 기초가 되어 당승취경도가 그려지게 된 것이다.

우리나라에서도 고려말 조선초에 건립된 경천사지 십층석탑과 원각사지 십층석탑에 당승취경 장면이 부조되어 있다. 여기서는 현장 취경에 대한 이야기가 많이 각색되어 완성된 『서유기』의 내용에 근거 하고 있다. 당나라 태종이 경전을 구하기 위하여 승려들이 국경을 넘 는 것을 금지했던 역사적인 사실과 달리, 이들 탑에는 현장이 떠나는 것을 당 태종이 환송하는 장면이 새겨져 있다. 역시 『서유기』가 소설 은 소설이다.

보현보살도와
북방 산수화

보현보살도의 배경인 높게 치솟은 웅장한 산을 바라보고 있으면, 북송 시대의 대관산수화(大觀山水畵)가 떠오른다. 대관산수란 화폭 속에 거대 한 구도의 산수를 그려 넣는 것이다. 산의 일부분을 자세하게 묘사하 여 그 속의 인물들의 모습까지 나타낸 남송 시대의 소경인물산수화(小 景人物山水畵)와는 대조된다. 보현보살도의 산수에는 빠르고 거친 필치 와 화면에 구애받지 않은 대담한 표현을 볼 수 있다.

소위 이곽파(李郭派) 산수화라고 하는 북송 시대의 산수화와 비교 해 보면, 이성(李成)과 곽희(郭熙)의 그림에서는 건물들이 산들의 웅장 함에 묻혀 거의 눈에 띄지 않지만, 보현보살도에서는 산이 웅장하면서 건물도 어느 정도 드러나게 표현하고 있다.

어떻게 보면, 보현보살도의 산수는 이곽파 산수화보다는 오히려

심산기회도
비단에 수묵담채, 154x54cm, 980년경, 요령성박물관 소장

1974년, 요령성(遼寧省) 번양시(瀋陽市) 법고현(法庫縣) 엽무대 7호 요나라 무덤에서 출토된「심산기회도」[深山棋會圖 혹은 산혁후약도(山弈候約圖)]와 많이 닮았다. 즉「심산기회도」가 화면의 가로 폭이 좁기 때문에 보현보살도의 산과 산 사이에서 전개되는 평원적인 구도는 보이지 않으나 산과 건물이 모두 잘 드러나고 있다는 점, 짙은 먹으로 산의 윤곽선을 잡고, 채색은 거의 입히지 않은 점, 그리고 독특하게 처리한 언덕 등에서 유사한 모습이 발견된다.

안서 유림굴 3굴

서하의 한화정책

유림굴 3굴이 조성된 12세기 후반은 인종(仁宗)이 서하를 통치하던 시기다. 인종은 적극적으로 한화정책을 시행하였다. 아마 한족인 어머니와 왕비의 영향을 받았던 것 같다. 그의 아들 환종(桓宗)도 혈통상한족에 가까워서인지 한족 문화에 대하여 긍정적인 태도를 취함으로써, 이들 부자의 집정기는 서하 시대 중에서 중원 지방과의 문화 교류가 가장 활발한 시기였다.[14] 즉 1146년에 서하는 정식으로 도교와 유교를 채택하고, 『논어』와 『맹자』, 『효경』을 서하문으로 번역하였으며,[15] 1190년에는 서한자전(西漢字典)의 원형인 『번한합시장중주(蕃漢合時掌中珠)』가 출판되었다.[16]

1909년, 하라호토 유적에서 중원 지방과의 문화 교류를 알려 주는 판화가 한 점 출토되었다. 판화에는 "평양희가조인(平陽姬家雕印)"이라는 글자와 함께 중국 4대 미인의 모습이 새겨져 있다.[17] 여기서의 '평양(平陽)'은 산서성 임분현(臨汾縣)을 말하며, '희가(姬家)'는 판(板)을 새긴 사람이다. 산서성에서 제작된 판화가 지금의 내몽고 자치구에서 발견됨으로써 서하와 중원 지방과의 문화 교류가 활발하였음을 알려 준다.[18]

판화에 등장하는 4명의 미인은 월(越)나라를 구하기 위하여 오나라 부차(夫差)에게 시집 간 서시, 한나라 원제(元帝)의 후궁으로 흉노족에게 팔려간 왕소군, 역시 한나라 미인 초선과 조비연이다. 서시의 아름다움은 빨래터에서 빨래할 때 물고기가 그녀의 얼굴을 보고 헤엄치는 것을 잊어버렸을 정도였다고 하며, 왕소군은 하늘을 날던 기러기가 그 모습을 보고 넋을 잃어 날개짓하는 것을 잊어서 땅에 떨어졌을 정

臨朝竊寵呈傾國之芳容

평양희가조인 판화

도로 예뻤다는 이야기가 전해진다. 또한 초선은 달을 보자 달이 부끄러워 구름 뒤로 숨을 정도였으며, 조비연은 가볍고 날씬하여 사람의 손바닥 위에서 춤을 출 정도였다고 한다. 우리가 중국의 대표적인 미인으로 아는 당나라 양귀비는 조비연과 반대로 풍만하면서 요염하고 몸에 털이 많았다고 하는데, 이 판화에서는 보이지 않는다. 양귀비는

유림굴 3굴 열반도

금동선각열반변상판
22x14cm, 통일신라시대 9세기 말, 우학문화재단 소장

몸에서 나는 냄새를 없애기 위하여 항상 향수를 뿌렸다고 한다.

3굴의 통로에는 먹으로 쓴 "외명(嵬名)"이라는 글자가 있다.[19] 외명은 서하 왕족의 성이다. 단정하기는 어려우나 서하 왕이 실제로 발원한 유림굴 35굴과 3굴을 비교해 봐도 규모와 수준 면에서는 전혀 손색이 없기 때문에 3굴의 후원자도 서하의 왕이나 왕족이었을 것으로 보인다. 유림굴 29굴의 서하문 조상기에 의하면, 석굴의 후원자는 조씨(趙氏)로서 이들도 서하 왕족이다. 송에서는 서하 왕족의 성을 조씨로 불렀지만, 서하에서는 외명이라 하였다.

한편, 3굴 동벽의 열반도에서 석가모니 붓다의 발을 잡고 서 있는 한족의 복장을 한 콧수염의 인물을 후원자로 보기도 한다.[20] 혹시 서하에서 한화정책을 주도했던 인종이 아닐까? 우리나라 9세기 말에 조성된 금동선각열반변상판(金銅線刻涅槃變相板)에도 붓다의 발을 잡고 있는 속세인이 보여 비교된다.

1   史金波, 『西夏佛敎史略』, 銀川 : 寧夏人民出版社, 1988, pp. 28-57.

2   敦煌硏究院 編, 『中國石窟 安西楡林窟』, 東京 : 平凡社, 1990, p. 298.

3   段文傑, 「楡林窟の壁畵藝術」, 『中國石窟 安西楡林窟』(敦煌硏究院 編, 東京 : 平凡社, 1990), pp. 170-190.

4   小島彩, 「騎象普賢と騎獅文殊の圖像-中國における成立過程」, 『美術史』 137號, vol. 44, no. 1(1995), pp. 43-59.

5   『妙法蓮華經』 卷7, 「普賢菩薩勸發品」 第28, T. 9, No. 262, p. 61상중.

6   『宣和畵譜』 卷4, 『畵史叢書』(于安瀾 編, 上海人民美術出版社, 1982) 2冊, pp. 46-47.

7   『圖畵見聞誌』 卷3, 『畵史叢書』 1冊, pp. 34-35.

8   『圖繪寶鑑』 卷3, 『畵史叢書』 2冊, p. 45.

9   金維諾, 「張擇端及其作品時代」, 『中國美術史論集』, 臺北 : 明文書局, 1987, pp. 217-224.

10 신소연, 「〈玄奘取經圖〉의 硏究 現況」, 『中國史硏究』 34(2005), pp. 287-306.

11 小川貫一, 「大唐三藏取經詩話の形成」, 『佛敎文化史硏究』, 京都 : 永田文昌堂, 1973, pp. 204-231.

12 段文傑, 「玄奘取經圖硏究」, 『1990年敦煌學國際硏討會文集-石窟藝術編』(段文傑 等編, 沈陽 : 遼寧美術出版社, 1995), pp. 1-19.

13 『大唐大慈恩寺三藏法師傳』, T. 50, N0. 2053, pp. 220하-280상; 『宋高僧傳』 卷3, 「唐上都章敬寺悟空傳」, T. 50, No. 2061, p. 722중하.

14 國立歷史博物館, 『絲路上消失的王國- 西夏黑水城的佛敎藝術』, 臺北, 1996, pp. 51-54.

15 『宋史』 卷485, 「列傳」 244, 外國一, 夏國傳, pp. 13994-13995.

16 國立歷史博物館, 『絲路上消失的王國- 西夏黑水城的佛敎藝術』, p. 56.

17 史金波·白濱·吳峰雲 編著, 『西夏文物』, 北京 : 文物出版社, 1988, 도. 79.

18 서하와 중원, 고려 불화와의 영향 관계에 대한 글이 있다. Kira Samosyuk, "The Amitabha and Guanyin Paintings from Khara khoto," 『동아시아 불교회화와 고려불화』, 제3회 국립중앙박물관 한국미술심포지엄 자료집, 2010, pp. 22-26.

19 Rob Linrothe, "Ushnishavijaya and the Tangut Cult of the stupa at Yulin Cave 3," *National Palace Museum Bulletin*, vol. 31, no. 4&5(1996), p. 8.

20 Rob Linrothe, "Ushnishavijaya and the Tangut Cult of the stupa at Yulin Cave 3," pp. 1-25. 그는 장전밀교와 현교가 같은 석굴 속에 표현되는 것을 통하여 석굴의 조성 시기를 인종(1139-1193) 때로 비정하고, 후원자 역시 인종으로 보았다.

15

용문석굴 신라상감과 군위삼존석굴

신라의 당 유학승을 만나다

용문석굴 신라상감의 조성

1992년 여름 중국과 수교가 이루어진 후, 용문석굴을 가기 위해 홍콩을 경유하여 낙양 공항에 도착했다. 당시 나는 국립대만대학에 유학 중이었고, 대만에서 중국으로 가는 직항이 없었기 때문에 부득이 홍콩을 경유해야만 했다. 오후 3시경에 낙양 공항에 도착했는데, 공항 관계자가 입국대에서 계속 기다리게 하는 것이 아닌가. 얼마 뒤 공산당 간부로 보이는 공항의 최고 책임자가 직접 와서 말을 걸어 왔다. 낙양 공항으로 입국한 최초의 한국 사람이 바로 나였기 때문에 만나 보고 싶었던 것이다.

용문석굴을 본다는 생각에 거의 뜬 눈으로 밤을 세운 후, 아침 9시부터 하루 종일 석굴을 세 번이나 둘러보았다. 지금 생각해 보면, 정말 의욕만 앞섰던 것 같다. 몸은 지칠 대로 지쳐 있었지만, 마음만은 세상의 모든 것을 가진 기분이었다. 서구 학자들이 즐겨 쓰는 표현처럼 거대한 벌집 속에서 벌들이 들어앉아 있듯이 석굴 속에는 불상과 그 권속들이 정연한 모습으로 새겨져 있었다. 내가 특히 용문석굴에 관심을 가졌던 것은 나가히로 도시오(長廣敏雄)와 미즈노 세이치(水野淸一)가 1941년에 쓴 『용문석굴의 연구』에 소개된 신라상감(新羅像龕) 때문이었는데, 너무 들뜬 마음에 첫날은 허무하게도 그토록 보고 싶어 했던 신라상감 보는 것을 잊을 정도였다.

용문석굴엔 1,300여 개나 되는 석굴이 있지만, 그중 외국인이 만든 석굴은 고작 서너 곳밖에 없다.[1] 당의 710년에 토화라국(吐火羅國) 승려와 관련되는 석굴과 신라상감이 대표적인 예다. 신라상감에는 굴문 입구 위에 당의 해서체(楷書體)로 "신라상감(新羅像龕)"이라는 명문이 새겨져 있다.[2]

용문석굴 신라상감

용문석굴 신라상감 명문
잘 보이지는 않지만 신라상감이란 글자가 새겨져 있다.

像상 新신
龕감 羅라

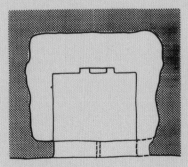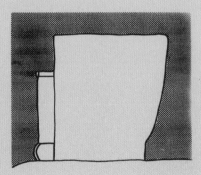

용문석굴 신라상감 도면

신라상감은 보통 키인 내가 들어서면 천장이 닿을 정도의 높이로, 우리나라의 신라와 관련이 깊을 것으로 추정된다. 석굴에는 "신라상감" 외엔 어떤 명문도 남아 있지 않으며, 원래 벽면에 새겨졌을 불상들도 모두 떼어진 상태이지만, 석굴의 형식을 통하여 7세기 후반에 조성되었다는 것을 알 수 있다.

후대의 기록이긴 하지만, 신라 사람들이 활동했던 곳을 '신라방(新羅坊)'이라 하고 신라인의 사찰을 '신라원(新羅院)'이라고 하듯이, 신라상감도 신라 사람에 의해 조성되었을 가능성이 높다. 실제로 용문석굴에 새겨져 있는 굴 이름 중에는 석굴의 조성자와 관련되는 것이 있다. 낙양의 북시(北市)에서 비단 장사를 하던 사람들이 조성한 북시채백항정토당(北市綵帛行淨土堂)과 710년에 토하라(大夏)에서 온 보융(寶隆) 스님이 조성한 석굴은 대표적인 예다.[3]

신라상감과 유학승 의상

신라상감은 용문석굴의 대형 석굴과 비교하면 상대적으로 작은 편이다. 그러나 이국 땅인 당나라에서 신라 사람이 조성하였다면, 어느 정도의 경제적인 능력을 갖추고 있어야만 가능한 일이다. 기록상 용문석굴과 인연 있는 신라 사람으로는 통일신라의 사신이었던 김주필(金住弼)과 승려 무염(無染)으로, 이들은 당의 821년에 용문석굴 동산(東山)의 향산사(香山寺)에서 여만(如滿)으로부터 참선하는 법을 배웠다.[4] 그러나 이 기록은 신라상감이 이미 조성된 후의 일이기 때문에 석굴과는 직접적으로 관계가 없다. 다만 이들이 향산사에 머무를 때 이수(伊水) 건너

편 산허리에 있던 신라상감에 대하여 전해 듣고, 또한 직접 가서 불상을 예불하기도 하였을 것이다.

신라상감은 구조적으로 참선하기에 적합한 석굴이다. 석굴의 이러한 성격은 당나라에 유학했던 신라의 구법승에 의하여 조성되었을 가능성을 떠올리게 한다. 유학승의 입장에서 석굴을 조성하려면, 어느 정도 경제적인 능력과 중국 불교계에서의 입지가 있어야 가능하다. 7세기 후반에 당에 유학했던 승려들은 우리가 생각하는 것 이상으로 많았다.[5] 문헌 기록에 보이는 승려로는 원승(圓勝)과 혜통(惠通), 의상(義湘) 등이 있다. 이 중에서 진골 출신의 의상이 신라상감의 발원자일 가능성이 높다.

의상은 『송고승전(宋高僧傳)』, 『해동화엄초조기신원문(海東華嚴初祖忌晨願文)』, 『해동화엄시조부석존자찬(海東華嚴始祖浮石尊者讚)』 등에 그의

신라상감 내부

행적이 기록되어 있으나, 정작 당에서 유학하는 동안 어떤 활동을 했는지에 대한 내용은 없다.[6] 의상은 원효와 함께 현장의 유식학에 관심을 두고 당나라 유학을 시도하였는데, 원효는 중도에 포기하고 돌아왔으며, 그는 당으로 유학의 길을 떠났다. 막상 당나라에 도착한 후, 그는 원래의 계획을 바꾸어 장안의 종남산(終南山) 지상사(至相寺)에서 지엄에게 수학하게 된다. 이때에 같은 문하에서 공부하던 법장은 이후 7세기 후반 당의 불교계에서 가장 큰 영향력을 지니게 된다.

용문석굴에는 법장에 의해 조성된 석굴이 몇 개 있다. 석굴들은 개인적으로 660년부터 670년 사이에 조성한 것이다. 의상은 주로 장안에 머물렀지만, 법장을 따라 낙양을 방문하거나 용문석굴을 참배하였을 가능성도 있다. 하남성 위로정(尉廬澄)에 있던 용문부(龍門賦)

는 당나라 때 얼마나 많은 사람들이 용문석굴을 찾았는지 짐작하게
해 준다.[7]

> 새벽에 성문을 열면, 낙양의 사녀, 협객, 신사(信士)들이 보마향거
> (寶馬香車)를 타고 가무단을 이끌고 용문으로 왔으며, 마차 위의 아
> 름다운 장식은 멀리 수면에 비치었다. 배 위에서 부는 피리 소리
> 는 산을 향하여 메아리친다.

　　장안에 머물던 의상도 당시 사람들의 입에 회자되었던 용문석굴
에 대하여 많이 들었을 것이다. 그도 그럴것이 의상이 유학하던 660년
대는 용문석굴에서 북위의 대형 석굴 외에 빈양남동과 빈양북동, 잠계
사동(潛溪寺洞) 등 대규모의 석굴들이 완성되는 단계거나 이미 완성되
어 어느 정도 면모를 갖추고 있었다. 용문석굴의 시대별 분포 상황을
통해서도 신라상감이 660년 이전의 대형 석굴과 670년의 석굴들 사이
에 해당되는 위치에 조성되어 있어서 의상의 유학하던 시기와 일치하
고 있는 것을 볼 수 있다.

　　의상은 670년(혹은 671년)에 귀국한 후, 부석사를 창건하는 등 적극
적으로 불사(佛事)를 일으켰다. 불경 연구에만 매진한 것이 아니라 불
사 활동을 일으키는 그의 이러한 행적은 용문석굴에서 신라상감을 조
성하였던 경험과 관련될지도 모른다.

　　의상이라고 하면 가장 먼저 떠오르는 곳이 경상북도 영주의 부석
사다. 언제부터 전각의 명칭이 무량수전이었는지 알 수 없지만, 부석
사 무량수전에는 항마촉지인을 결한 불좌상이 있다. 알다시피, 이 수
인은 일반적으로 석가모니 붓다께서 보리수 아래에서 막 깨달음을 이

부석사 무량수전 불좌상
278cm, 고려 시대

루었을 때 취한 수인이기 때문에 석가모니불상으로 인식되고 있다. 그런데 부석사 무량수전은 전각의 이름에서 알 수 있듯이 무량수불을 봉안한 곳이다. 무량수불상이 석가모니불상의 수인이라고 할 수 있는 항마촉지인을 취한 이유는 무엇일까? 똑같은 의문이 군위삼존석굴(軍威三尊石窟)에서도 생긴다.

군위삼존석굴의
불상과 보살상

경상북도 군위에 있는 군위삼존석굴은 군위 부림(缶林) 12경 중에서 제
1경으로 꼽히는 우리나라에서는 좀처럼 보기 드문 석굴이다.[8] 우리나
라 석굴이라고 하면 흔히 석굴암(석불사)을 떠올린다. 심지어 이 석굴이
석굴암의 아류라고 여기는 사람들도 있다. 하지만 지금까지 알려진 바
에 의하면, 군위삼존석굴은 적어도 바위 면을 뚫어서 만든 석굴 중에
서 가장 이른 우리나라 석굴이다.

　　7세기 후반에 조성된 것으로 추정되는 이 석굴은 신라의 수도 경
주에서 약 50km 떨어진 팔공산 자락에 위치하고 있다. 석굴은 깊이
4.3m, 너비 3.8m의 크기다. 석굴이 개착된 거대한 바위 아래에는 개

군위삼존석굴 속에서 바라본 경치

군위삼존석굴과 도면

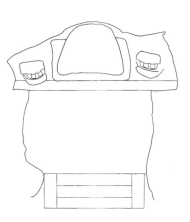

용문석굴 신라상감과 군위삼존석굴

군위삼존석굴 불삼존상

울이 있으며, 석굴은 개울로부터 약 10미터 높이에 조성되어 있다.

군위삼존석굴은 신라불교미술에서 처음 확인되는 '석굴'이라는 새로운 형식의 예다. 석굴이 조성되던 7세기 후반에 석굴 조영이 활발하게 이루어지던 당나라와는 달리, 우리나라에서는 석굴보다 석불을 만드는 데 치중하고 있다. 그런데 군위에서 석굴이 조성된 것이다. 이 석굴이 석굴암과 다른 것은 조적식(造積式, 자른 돌을 쌓아 올리는 방식)이 아닌 중국 석굴에서 주로 사용되는 개착식(開鑿式, 바위를 깎아서 만드는 방식)이라는 점이다. 물론 중국 석굴과 다른 점도 이 석굴에서 확인된다. 즉 중국에서는 석굴을 조성할 때, 신라상감에서도 확인되듯이 불상을 석굴 벽에 직접 조각하는 것이 일반적인데, 군위삼존석굴에서는 석굴을 개착하고 불상을 따로 만들어 석굴로 옮겨 놓았다는 것이다.

군위삼존석굴에 있는 불상과 보살상들은 어떤 상일까? 부석사 무량수전의 촉지인 불좌상과 같이 주존인 불상은 촉지인을 한 아미타불상일 가능성이 높다. 보관에 화불이 새겨진 관세음보살상과 보병이 표현된 대세지보살상이 옆에서 협시하고 있기 때문이다. 즉 군위삼존석굴의 존상은 촉지인의 아미타불상과 관세음보살상, 대세지보살상이다. 왜 아미타불상이 석가모니불상의 수인이라고 할 수 있는 촉지인을 하고 있을까? 주목할 만한 사실은 군위삼존석굴이 조성되던 7세기 후반은 당에서 촉지인을 한 아미타불상이 매우 유행하였던 시기라는 것이다. 용문석굴에서만 "아미타불상"의 명문을 가지고 있는 촉지인 불상이 52존이나 확인되고 있다.[9] 이들 불상은 7세기 후반인 660년대와 670년대에 집중적으로 조성되었는데, 이러한 영향이 군위삼존석굴에도 미쳤을 것으로 추정된다. 즉, 석굴의 조영 방식 등 석굴에서 확인되는 당의 영향이 불좌상에서도 나타나고 있는 것이다.

다양한 촉지인 불상들

우리는 '두려워 마라'는 뜻의 시무외인(施無畏印)과 '바라는 바를 준다'는 여원인(與願印)이 통인(通印)이라 하여 석가모니불상 외에도 여러 불상에서 두루 통용되는 수인(手印)이라는 것을 안다. 통인과 다른 개념의 수인을 별인(別印)이라고 하는데, 비로자나불상만이 하는 지권인(智拳印) 등이 대표적인 예로 특정한 불상에만 적용되는 특별한 수인을 말한다. 7세기 후반에 시무외인·여원인만이 아니라 촉지인도 석가모니불상 외에 다른 불상에서도 취할 수 있는 통인으로 인식되었던 것은 아닐까? 아니면 마하보리사의 정각상이 7세기 후반에 유행하면서 그 수인을 다른 불상에서도 차용한 것은 아닐까?

용문석굴 신라상감과 군위삼존석굴

항마촉지인 약사불상
통일신라 시대 8세기, 국립경주박물관 소장

　　용문석굴 조상 중에는 당의 686년에 채대랑(蔡大娘)이 약사불감을 조성하는데, 주존인 약사불좌상이 촉지인을 결하고 있다.[10] 우리나라에서도 7세기 말부터 8세기 전반에 걸쳐 조성되는 촉지인 불좌상의 왼손 위에 약합 같은 것을 들고 있는 예가 있어서 약사불상일 가능성이 제기된 바 있는데,[11] 이들 촉지인 약사불좌상도 당 불상의 영향을 받았을 것으로 추정된다.

　　한편, 7세기 후반 당에서는 촉지인을 한 아미타불상과 약사불상을 조성하였을 뿐만 아니라 오른손이 아닌 왼손으로 땅을 가리키는 촉지인 불상이 다수 확인된다. 촉지인이라고 하면, 오른손으로 땅을 가리키는 것이 일반적인데, 병령사석굴 53감, 54감과[12] 용문석굴조상 중에는 왼손으로 땅을 가리키는 불상들이 있다. 촉지인을 한 불상 2존이 나란히 조성되어 있다고 한다면, 대칭적인 표현법으로 이해될 수 있겠으나, 단독상 중에서 이러한 예가 다수 확인되는 현상을 어떻게 이해해야 할지에 대해서는 아직 해답이 없다.

병령사석굴 53감 아미타불삼존상

용문석굴 아미타불좌상

중국식 석탑의 조성

군위삼존석굴이 중국과 밀접한 관계가 있다는 것은 석굴 앞에 놓여 있는 가로와 세로가 2.3m이고, 높이가 3.5m의 사모지붕 형식의 방형 석탑을 통해서도 알 수 있다. 이 탑이 원래 석굴과 함께 조성되었는지는 좀더 면밀한 연구가 필요하겠지만, 남아 있는 석재들을 보면 석굴 조성 당시의 것으로 봐도 괜찮을 듯하다. 물론 무너지기 쉽기 때문에 원형이 얼마나 잘 남아 있는지에 대해서도 알 수 없다. 그러나 분명한 것은 우리가 아는 비슷한 시기의 신라 탑과는 전혀 다르다는 것이다. 신라 탑은 이중의 기단석과 삼층의 탑신석으로 구성되는 것이 기본 형식이다. 이 탑에서는 그러한 모습이라곤 전혀 보이지 않는다. 오히려 하남성 숭산(嵩山) 소림사(少林寺) 탑림(塔林)에 있는 당나라 탑이나 수나라 611년에 조성된 산동성(山東省) 제남시(濟南市) 신통사(神通寺) 사문탑(四門塔)과 형식적으로 더 가깝다. 낙양과 제남은 7세기 후반에 신라의 구법승들이 드나들던 곳으로서 군위삼존석굴의 방형 석탑이 이들이 오가며 봤던 중국 탑을 모델로 하여 만들어졌을 가능성은 충분히 있다.

이미 추론한 바와 같이 용문석굴의 신라상감이 의상 스님에 의해 조성되었다면, 당에서 석굴 조영의 경험을 지닌 의상과 같은 당 유학승에 의해 군위삼존석굴도 만들어졌을 것이다. 이러한 점과 조성 시기를 통하여 볼 때, 용문석굴 신라상감과 부석사, 군위삼존석굴은 서로 연관될 가능성이 높다.[13]

용문석굴 신라상감을 조성했던 승려는 당시 용문석굴에서 유행했던 촉지인 아미타불상을 보았을 것이다. 이는 신라상감과 부석사, 군위삼존석굴을 발원했던 승려가 의상이거나 당에 유학했던 신라승려였을 가능성을 짐작하게 해 준다. 정말 그 승려가 의상 스님은 아니었을까?

군위삼존석굴 방형 석탑

소림사 탑림

신통사 사문탑

1   張乃翥,「龍門石窟魏唐碑銘所見民族史料集釋」,『敦煌學輯刊』, 1990-2, pp. 94-105.

2   배진달(배재호),「龍門石窟 新羅像龕 試論」,『碩晤尹容鎭教授停年退任紀念論叢』, 석오
     윤용진교수정년퇴임기념논총간행위원회, 1996, pp. 847-860.

3   온옥성(배진달 편역),『중국석굴과 문화예술』상권, 경인문화사, 1996, pp. 157-158.

4   온옥성(배진달 편역),『중국석굴과 문화예술』상권, p. 157 재인용.

5   신라 구법승에 관해서는 다음의 글이 있다. 權惠英,「三國時代 新羅 求法僧의 活動과 役
     割」,『淸溪史學』4(1987), pp. 3-31.

6   鄭炳三,『義湘 華嚴思想 硏究-그 思想史的 意義와 社會的 性格-』, 서울대학교대학원 박
     사학위논문, 1991, pp. 68-84.

7   온옥성(배진달 편역),『중국석굴과 문화예술』상권, p. 158 재인용.

8   배진달(배재호),「군위삼존석굴-촉지인 불좌상의 성격을 중심으로」,『미술사의 정립과
     확산』2권, 항상안휘준교수정년퇴임기념논문집, 2006, pp. 34-51.

9   久野美樹,「唐代龍門石窟的觸地印阿彌陀像硏究」,『龍門石窟硏究院建院50周年暨2004龍
     門石窟國際學術硏討會論文摘要』, 2004, pp. 116-117;『唐代龍門石窟硏究』, 東京:中央
     公論美術出版, 2011, pp. 309-353.

10   李淞,「龍門石窟唐代阿彌陀造像考察筆記」,『藝術學』17(1997), pp. 51-102 및 도56.

11   김리나,「降魔觸地印佛坐像 硏究」,『韓國佛教美術史論』(황수영 편, 민족사, 1987), pp.
     73-110.

12   甘肅省文物工作隊‧炳靈寺文物保管所 編,『中國石窟 炳靈寺石窟』, 北京:文物出版社,
     1989, p. 212.

13   Bae Jindal(Bae Jaeho), "Buddhistische kunst im China der Tang-Dynastie aus
     Koreanischer Perspektive," *Unter Der Gelben Erde*, Bundesministerium für Bil-
     dung und Forschung, 2007, pp. 155-166.

석굴 읽기를 마치며

벌써 20년이 되었다. 1990년대 초, 석굴암에 대한 학계의 논쟁이 절정에 달했을 때 다들 왜 그렇게 그것에 집착하는지 이해할 수 없었다. 그런데 어느 순간 되돌아보니, 나도 석굴암에 집착하고 있는 것이 아닌가? 대만 유학시절 줄곧 인도와 중국 석굴을 공부하다 보니 새삼 석굴암의 중요성을 알게 된 것이다. 석굴암이 세계문화유산으로 지정되기 전까지 매년 두세 차례 그곳에 머물면서 노트 작업을 하였다. 석굴암에 대한 연구(『연화장세계의 도상학』, 일지사, 2009)는 그 원류가 어디에 있는지에 대하여 많은 생각을 하게 했다. 그렇게 나의 석굴 읽기는 시작되었다.

은사 김리나 선생님의 추천으로 국립중앙박물관 박물관대학에서 중국 불상과 중국 석굴에 대하여 강연한 지가 올해로 15년째다. 2003년, 〈중국의 불교미술, 8강〉이라는 강연 내용을 기초로 하여 『중국의 불상』(일지사, 2005)이 출간되었다. 이 책 『세계의 석굴』도 박물관대학에서 2010년에 기획한 〈불교석굴도상의 원류를 찾아서, 16강〉(책에서는 '용문석굴 신라상감'과 '군위삼존석굴'을 함께 다루어 15장이 되었다.)이라는 강연 내용을 바탕으로 한 것이다.

강연을 하던 1년 동안, 나는 늘 강연하는 날이 기다려졌고 강연 내내 넘치는 에너지를 느끼곤 하였다. 100명의 수강생 모두가 적극적으로 강연을 들었는데, 그중에는 10여 년째 나의 강연을 쫓아다니던 사람들과 제주도에서 한 번도 빠지지 않고 출석한 사람도 있었다. 적어도 나에게는 정말 행복한 시간이었다. 이 훌륭한 학생들이 없었다면 이 책 『세계의 석굴』이 출간되는 것을 꿈에도 상상하지 못했을 것이다.

『세계의 석굴』을 쓰는 동안, 때론 글로써 때론 직접 말로써 가르침을 주셨던 분들이 생각나곤 하였다. 글 속에서 언급된 분 외에도 특히 김리나 선생님, 권영필 선생님, 최병헌 선생님, 해주 스님, 이주형 선생님 등이 그러한 분이다. 늘 감사하는 마음이다. 또한 박물관대학에서 행복한 강연의 기회를 만들어 주신 신병찬 국장님과 여러 선생님들, 두서없는 내용을 책으로 만들어 준 사회평론아카데미의 윤철호, 김천희 대표님과 권현준, 고하영, 이선엽 선생님을 비롯한 편집진에게도 감사하는 마음이다. 마지막으로 가족에게도 고마움을 전하면서 석굴 읽기를 마치고자 한다.

2014년 겨울 배재호

찾아보기

ㄱ

가네샤(Ganesa) 126
가비라신왕(迦毘羅神王) 212
가필라성(Kapilavastu) 189
간다라불상 173, 176
강량야사(畺良耶舍) 275
건릉(乾陵) 159, 230
걸복치반(乞伏熾磐) 96, 104, 105, 109
격의불교 111~112, 284
견보탑품(見寶塔品) 114, 132, 198
고개지(顧愷之) 108, 221, 224
고빈드나가르 50
고승전(高僧傳) 105, 185
고양동(古陽洞) 205~206, 208
고타마 싯다르타 35, 248, 361
고평군왕동 154, 209, 274
공현석굴 218
과거칠불(過去七佛) 121, 130
과거현재인과경(過去現在因果經) 112
관무량수경(觀無量壽經) 101, 270
관미륵보살상생도솔천경(觀彌勒菩薩上生兜率
　　天經) 75, 88
관불삼매해경(觀佛三昧海經) 98
관중생품(觀衆生品) 156~157
교각미륵보살상 76, 196~197
구룡관정(九龍灌頂) 113
구마라집 97, 108~112
구마라천 126, 213
구천생신장경(九天生神章經) 278
구품연지(九品蓮池) 272, 278~279
구품왕생(九品往生) 153, 154, 271~273,
　　277
굽타 시대 17, 37, 50, 254~256
귀자모(鬼子母) 191~192
근본설일체유부비나야잡사(根本說一切有部毘
　　奈耶雜事) 35
금강경 191

금강좌(金剛座) 251
금광명경(金光明經) 83, 222
금탑사석굴 58, 95
기원정사(祇園精舍) 32, 86, 191
기자굴산전 195, 198~199
길가야(吉迦夜) 177, 194

ㄴ

나가(Nāga) 15
나라연신왕(那羅延神王) 212
낭산(狼山) 195
노도차(勞度叉) 85
노반(露盤) 23, 29
녹야원설법(鹿野苑說法) 113
녹원부(鹿苑賦) 97
논의품(論議品) 296
뇌고대 중동 178~179
뇌음도(雷音圖) 291, 296~298
니그로다 36, 83, 84
니르바나(nirvāna) 34

ㄷ

다보여래 114
다보탑 98, 114, 265
달마급다(達摩笈多) 150
담란(曇鸞) 269
담마비(담무비) 104, 105
담요(曇曜) 97, 170, 171, 177, 179, 194
담요 5굴 171, 172, 183, 187
당승취경도(唐僧取經圖) 309, 312~315
대금서경무주산중수대석굴사비(大金西京武州
　　山重修大石窟寺碑) 183
대노사나상감(大盧舍那像龕) 235
대당삼장취경시화(大唐三藏取經詩話) 314,
　　315
대당서역기(大唐西域記) 20, 45, 47, 68, 153,
　　229, 251, 252, 256

대류성굴(大留聖窟) 218
대목련경(大目連經) 284, 285
대반열반경(大般涅槃經) 30, 82, 128, 132
대방광불화엄경(大方廣佛華嚴經) 101, 248
대방편불보은경(大方便佛報恩經) 285, 296
대방편불보은경변상도(大方便佛報恩經變相圖) 291, 295
대상굴 73
대운경소(大雲經疏) 231
대주성굴(大住聖窟) 178~179, 212~213
데바닷타 193
동대불 43~45, 48~52, 56, 58, 61
동양왕 121, 125, 132
동천불동(東千佛洞) 312
득안림(得眼林) 128
디비야아바다나(Divyāvadāna) 188

ㄹ
라훌라 86
랄리타비스타라 86
룸비니 32, 113
류본존(柳本尊) 289~291

ㅁ
마가다국 191, 252~253
마야부인 32, 113
마하바스투(Mahāvastu) 188
마하사트바태자 83, 222
마혜수라천(摩醯首羅天) 126, 212~213, 239
만다라 307
맥적산석굴 95, 114
명황행촉도(明皇行蜀圖) 159
목련존자(目連尊者) 285
목우도(牧牛圖) 289
묘법연화경 109, 113~114, 185, 215~216, 309
무간지옥(無間地獄) 287
무량수경 132, 270
무량수불삼존상(無量壽佛三尊像) 98
무불상(無佛像) 20~21

무색계(無色界) 194
무염(無染) 327
문수보살도 307~308, 312
문수사석굴 58
문질품(問疾品) 105, 156
미륵보살 47, 75~76, 88~89, 109, 125, 252
미트라(Mithras) 52
밀교(密敎) 303~304, 307~308

ㅂ
바루나(Varuna) 17
바유(Vayu) 56
바자석굴 52, 54
반가사유상 60~61, 65, 196, 198
반야경(般若經) 107, 242
반주삼매경(般舟三昧經) 271
방편품(方便品) 156, 216
백거이 155, 265
백마사(白馬寺) 203
백장회해(百丈懷海) 120
번한합시장중주(蕃漢合時掌中珠) 318
범망경 239~240
범천 17, 126
법상(法上) 265
베제클리크석굴 69
별인(別印) 335
보드가야 32
보드가야 마하보리사 52
보리서상(菩提瑞像) 261
보요경(普曜經) 86
보우경변상도(寶雨經變相圖) 231~233
보정산석굴 58
보현보살권발품(普賢菩薩勸發品) 309
보현보살도 307~317
복두식(覆斗式) 149
복희(伏羲) 136
본생담 79, 82~83, 85, 189, 295
본생도 56, 83, 112, 147, 188, 218, 222~223, 295
본의불교 111~112

344

부모은중경(父母恩重經) 283~284

부모은중경변상도 291

부법장인연전(付法藏因緣傳) 98, 176~177, 179

북시채백항정토당(北市綵帛行淨土堂) 154, 274, 327

불국기(佛國記) 109

불본행집경(佛本行集經) 113

불비상(佛碑像) 112~115, 218

불사의품(不思議品) 156

불설대부모은중경(佛說大父母恩重經) 294

불설보살본행경(佛說菩薩本行經) 85

불설아미타경(佛說阿彌陀經) 153

불소행찬(佛所行讚) 113

불전도 56, 73, 86~89, 98, 112~113, 128, 147, 188, 304

불조통기(佛祖統紀) 241

브라흐마(Brahmā) 17

브라흐마닷타왕 83

브라흐만교 303

비능갈리왕 85

비슈누(Viṣṇu) 17

비유품(譬喩品) 215~216

비하라식 23, 26, 71~72, 122, 135, 149

빈양삼동 199, 208~214

빠드마와티국(Padmavati) 188

ㅅ

사농시경 236

사르나트 21, 32

사면불비상(四面佛碑像) 56

사문단복론 104, 175

사미수계자살품(沙彌守戒自殺品) 128

사상도(四相圖) 113

사신품(捨身品) 83, 222

사위성 36, 86, 128, 191

사위성신변 36~37

사탑기(寺塔記) 158

산개 23

산해경(山海經) 140, 278

삼세불(三世佛) 177, 212, 216, 266

상감기 235~239

상락사중수삼세불전기(常樂寺重修三世佛殿記) 267

상품왕생(上品往生) 274

색계(色界) 194

서경사관등화벽(西京寺觀等畵壁) 158

서대불 45~48

서방극락세계도(西方極樂世界圖) 265

서방정토변상감(西方淨土變相龕) 154, 274

서방정토변상부조 271

서역수도기(西域水道記) 69

서유기(西遊記) 67, 314, 229

서유기잡극(西遊記雜劇) 314

서품(序品) 216

서한자전(西漢字典) 318

석노지(釋老志) 185, 195, 210

선관 수행 88, 96~98, 120, 210

선농 수행 120

선도(善導) 105, 234~235, 247, 269

선비요법경(禪秘要法經) 97, 135

선정(禪定) 113, 123, 128, 131~134, 142, 148

성견(聖堅) 222

소남해석굴 271, 274

손사막(孫思邈) 241

송고승전(宋高僧傳) 328

수골청상(秀骨淸像) 125, 132, 205

수다나태자 222~223

수닷타 장자 191~192

수르흐 부트 48

수리아(Sūrya) 17

수메루산(수미산) 9, 13~17, 79~80, 89, 195~196

수미사역경(須彌四域經) 284

수미산전(須彌山殿) 195~199

수미좌(須彌座) 13

수바드라(Subhadra) 34

수육사석굴 266

수하사유(樹下思惟) 113

수하탄생(樹下誕生) 113
숫도다나왕 36~37, 86
쉬라바스티 32, 35
스와스티카 30
승상입태(乘象入胎) 113
승연전(僧淵傳) 185
시바(Śiva) 17
시바(Durga) 126, 212
시방삼세제불(十方三世諸佛) 179
시방제불(十方諸佛) 101
신라방(新羅坊) 327
실차난타(實叉難陀) 248
심심석굴 69
십송률(十誦律) 109
십신왕상(十神王像) 218~219
십이인연(十二因緣) 86
쌍굴(대칭굴) 183~185, 199, 210~211
쌍신변(雙神變) 36~37

ㅇ
아그니(Agni) 17
아마라바티(Amarāvatī)탑 29
아미타경 270~271
아사세왕 86
아사세왕수결경(阿闍世王授決) 86
아사세태자 277
아소카왕(아육왕) 100, 265
약사(Yakṣa) 15
약사여래본원경(藥師如來本願經) 150
약사유리광정토(藥師琉璃光淨土) 150
약시(Yakṣī) 15
양고승전(梁高僧傳) 109
여래명호품(如來名號品) 101
여와(女媧) 135~138
역대명화기(歷代名畵記) 108, 154, 158, 224, 252
연등불수기(燃燈佛授記) 112, 188~189
연화장세계 240
연환식(連環式) 130
열반도 72, 77, 88~89, 304, 321

열반상 32, 34, 50, 72~73, 76~77
영령사(永寧寺) 185, 205~207
영암사(靈岩寺) 210
영취산(靈鷲山) 114, 198
예불행렬도 104
오대당풍(吳帶當風) 159~161
오방불만다라도 307
오백강도 성불 128
왕사성 191, 277, 284
왕오천축국전 68, 119
욕계(欲界) 193
용문이십품(龍門二十品) 204
우란분경(盂蘭盆經) 284, 287
우란분재(盂蘭盆齋) 287
우마(Uma) 126
우요삼잡(右繞三匝) 32
우전왕상(優塡王像) 230
운서주굉(雲棲袾宏) 283
원승(圓勝) 328
원효 329
월광보살상 100
위경(僞經) 230~231, 239, 291
위서(魏書) 44, 185, 195, 210, 220
유동(儒童) 188~189
유마거사(유마힐거사) 105~108, 156, 218
유마힐소설경(維摩詰所說經) 105
의상(義湘) 261, 327~330, 338
이궐불감지비(伊闕佛龕之碑) 211~212
이궐석굴사 220
이불병좌상(二佛並坐像) 98, 109, 113~114, 183~185, 198
이시동도법(異時同圖法) 130
익주명화록(益州名畵錄) 290, 294
인드라(Indra) 17
인연이야기(avadāna) 79, 82, 85~86, 100, 188, 194
인지수행사신구법(因地修行捨身求法) 295

ㅈ
자타가경(闍陀伽經) 82

잠계사동(潛溪寺洞) 330
잡보장경(雜寶藏經) 194
장아함경(長阿含經) 135
장언원(張彦遠) 108, 158
제자품(弟子品) 156
전당식(殿堂式) 149
전법조사(傳法祖師) 177
접인보살(接引菩薩) 150
정각상(正覺像) 251~256, 259~261, 335
정토변상도(淨土變相圖) 147~150, 155,
    161~162
제석천(Indra) 17, 126
조사상 177~179
조원선장도(朝元仙杖圖) 312
조의출수식(曹衣出水式) 159
조적식(造積式) 334
조지봉(趙智鳳) 289~290
주요수미(周繞須彌) 294
죽림칠현 132
중수막고굴불감비(重修莫高窟佛龕碑) 121
중심탑주식 석굴 72
중아함경(中阿含經) 135
진형도(眞形圖) 7

ㅊ
차이티야그리하(차이티야)식 23, 31, 44, 71~
    73, 122, 135, 149
찰주 23, 27
천불도(千佛圖) 69, 98
천불화현(千佛化現) 36~37
천제산석굴 95
천청문경 305
청록산수화(靑綠山水畵) 159
청정법행경(淸淨法行經) 284
초전법륜(初轉法輪) 189
출삼장기집(出三藏記集) 109
측천무후 154, 159, 229~234, 236~242,
    247~248
칭찬정토불섭수경(稱讚淨土佛攝受經) 272

ㅋ
코살라(Kosala) 36
쿠샨 시대 176
쿠시나가라 32, 34, 50
쿠차(쿠치, 쿠치나) 61, 67~71, 75, 79, 109,
    153, 161
쿤룬산(곤륜산) 138
쿰트라석굴 69

ㅌ
타클라마칸 43, 65
타화자재천(他化自在天) 193
타화자재천궁(他化自在天宮) 250
태자사유상(太子思惟像) 75, 87
태자수대나경(太子須大拏經) 222
통인(通印) 335

ㅍ
팔공덕수(八功德水) 153, 272, 274
팔대영탑명호경(八大靈塔名號經) 32
팔상도(八相圖) 113
패엽경 265
펜자켄트 연회홀 58
펠리오 69
평양회가조인(平陽姬家雕印) 318
포의박대(褒衣博帶式) 125, 132, 204~205
프라세나짓왕 36
프라크르티 188~189

ㅎ
하리티(Hārītī) 191
하무기(河無믄) 175
하안거(夏安居) 109, 287
학림(鶴林) 140
항마성도 35, 113, 193~194
항마촉지인 248~250, 254~256, 259~261,
    330, 336
행도송경(行道誦經) 222
향당산석굴 218
향적불품(香積佛品) 156~157

현고(玄高) 105, 170

현교(顯敎) 303

현우경(賢愚經) 82, 86

현장 20, 45~48, 68, 153, 229, 234, 242,
250~253, 305, 314~316, 329

현장취경도(玄奘取經圖) 312

현장화(玄奘畵) 312

혜원(慧遠) 175, 271

혜초 68, 119

호선무(胡旋舞) 150, 153, 156

화생(花生) 272

화엄보살상 100

화엄삼성상(華嚴三聖像) 289

황제예불도 218

황제즉당금여래(皇帝則當今如來) 284

황후예불도 218

황휴복(黃休復) 290

회남자(淮南子) 137, 278

효경(孝經) 283, 291, 318

효문제(孝文帝) 185, 210

효양품(孝養品) 296

후두드 알 알람(Hudud al-Alam) 47

후령통 195

힝 부트 48